Johann Pabst
Christine Dobretsberger

Das Beste aus der *schnellen* Vitalküche

Bildnachweis:

Peter Barci (S. 4, 6, 16, 17, 18, 23, 26, 27, 28, 31, 33, 35, 37, 38, 39, 43, 46, 47, 51, 54, 55, 56, 61, 62, 63, 64, 67, 68, 71, 72, 73, 77, 79, 81, 85, 89, 91, 93, 95, 97, 98, 101, 104, 105, 106, 111, 112, 115, 119, 122, 123, Umschlag hinten)

Pedro Salvadore (S. 9, 21, 24, 49, 53, 57, 65, 113, 117)

Ölmühle Fandler/Wasserbauer (S. 13)

Vulcano Schinkenmanufaktur GmbH (S. 15, 58)

ISBN 978-3-7088-0509-2

Lobkowitzplatz 1, A-1010 Wien

www.kneippverlag.com

Autoren: Johann Pabst

Mag. Christine Dobretsberger

Lektorat: Lineaart, Wien

Cover: Oskar Kubinecz

Grafik: Lineaart, Wien

Coverfoto: iStockphoto.com

Druck: Theiss GmbH

A-9431 St. Stefan

Printed in Austria

1. Auflage, Januar 2011

Johann Pabst · Christine Dobretsberger

Das Beste aus der *schnellen* Vitalküche

80 gesunde Blitzrezepte in 10 – 30 Minuten

kneipp verlag
WIEN

Vorwort

Einerlei in wie viele Doppel- bzw. Mehrfachbelastungen ein Mensch heutzutage eingebunden ist: Feststeht, dass oftmals das Gefühl dominiert, gerade für die schönen, sprich für die genüsslichen Dinge des Lebens nicht genügend Zeit zu finden. Was realistisch betrachtet in vielen Fällen auch zutrifft. Denn neben dem Beruf warten auch familiäre Verpflichtungen und damit verbunden letztlich auch der Wunsch, gesundes und frisch gekochtes Essen aufzutischen.

Diese mittlerweile allerorts anzutreffende „Multi-Task"-Situation war für mich die entscheidende Motivation, die vorliegende Rezeptsammlung zusammenzustellen. Neben der einfachen und raschen Nachvollziehbarkeit der Rezepte war mir besonders wichtig, dass die Zutaten für die jeweiligen Gerichte gesund, schmackhaft, von hoher Qualität und einfach beschaffbar, also regional verfügbar sind. Denn auch Einkaufen kostet Zeit und sollte nicht auf Kosten der ohnedies raren Freizeit gehen.

Desweiteren ist mir privat wie beruflich ein achtsamer Umgang mit Lebensmitteln ein großes Anliegen. Schließlich gibt es unzählige Möglichkeiten mit Esswaren vernünftig zu wirtschaften und somit zu vermeiden, dass so genannte „Restln" in der Mülltonne landen. Sollten beispielsweise beim Sonntagsbrunch Schinken- oder Lachsscheiben übrig bleiben, lassen sich diese wunderbar in ein Risotto oder in eine Pasta einarbeiten.

Auch was die optimale Zeiteinteilung betrifft, sind gewisse Vorbereitungen einfach empfehlenswert, um kochtechnische Stresssituationen zu vermeiden. Salatdressings, Chutneys und Saucen können ohne Bedenken in größeren Mengen zubereitet werden und sind im Kühlschrank – in gut verschließbaren Gefäßen – mehrere Tage haltbar und bei Bedarf blitzschnell zur Hand.

Ich hoffe sehr, dass meine Tipps und Tricks Ihren (Koch)Alltag erleichtern werden und wünsche Ihnen viel Freude mit den Gerichten und einen guten Appetit!

Johann Pabst

Einleitung

Zeit ist ein kostbares Gut. Und wenngleich wohl jeder Mensch liebevoll zubereitete Gerichte schätzt, möchte man hierfür nicht Stunden in der Küche zubringen. Was de facto auch nicht sein muss, denn: Wer sich gesund und abwechslungsreich ernähren will, muss deshalb nicht lange am Herd stehen. Raffinierte Kochkunst ist vielmehr eine Frage von kreativen Kochideen. Und ebenso wie die besten Einfälle blitzschnell passieren, lässt sich Genuss im wahrsten Sinne des Wortes im Handumdrehen auf den Tisch zaubern.

Dies beweisen in der Folge über 80 Rezepte, die alle Bedürfnisse abdecken: vom spontanen Mittagessen unter der Woche bis hin zum gemütlichen Sonntagsbrunch oder blitzschnellen Drei-Gänge-Menü (siehe Seite 122) für Gäste. Allen Gerichten gemeinsam ist die Tatsache, dass die aktive Kochzeit max. 10–30 Minuten beträgt. Um ein optimales Zeitmanagement zu garantieren, sind etwaige Back- bzw. Kühlstellzeiten übersichtlich ausgezeichnet und markiert.

Ein weiteres wichtiges Kriterium dieser Rezeptauswahl betrifft die hohe Qualität der Zutaten. So sind exquisiten Rohschinken-Sorten (siehe Seite 14) bzw. erstklassigen Speiseölen (siehe Seite 10) eigene Kapitel gewidmet. Denn schon ein einziger Tropfen Kürbiskernöl kann beispielsweise eine einfache Eierspeise zu einem kleinen kulinarischen Erlebnis adeln.

Kurzum: Rezepte für jede Jahreszeit und jeden Anlass. Selbst gekochtes „Fastfood“ der gesunden Art, das Fertiggerichten aus dem Tiefkühlfach oder aus der Mikrowelle in Qualität und Geschmack weit überlegen ist. Mit anderen Worten: „Das Beste aus der schnellen Vitalküche“ garantiert schnelle Zubereitung – langen Genuss!

Exquisite Speiseöle: die perfekte Abrundung für jedes Gericht

Man muss nicht zaubern können, um in wenigen Sekunden ein Gericht raffiniert zu veredeln. Ein Tropfen Öl genügt; ein qualitativ hochwertiger, wohlgemerkt. Denn in welcher Intensität und Weise sich das Aroma eines bestimmten Speiseöls mitteilt, ist eng an die Güte der jeweiligen Ölsaat bzw. an das Herstellungsverfahren geknüpft.

Woran erkennt man nun hochwertige Speiseöle? Zuallererst sollten sie 100 % sortenrein, kaltgepresst, ohne künstliche Zusatzstoffe und ungefiltert sein. Mit anderen Worten: unverfälscht in Farbe, Duft und Geschmack. Zumal bei kaltgepressten Ölen die für die Gesundheit so wertvollen und wichtigen essentiellen Fettsäuren und Vitamine in hohem Maße erhalten bleiben.

Was versteht man konkret unter *kaltgepressten* Pflanzenölen? Nach dem (eventuellen) Schälen der Früchte erfolgt die Zerkleinerung in der Steinmühle. Danach kommt es zu einer – der jeweiligen Ölsaat angepassten – behutsamen Erwärmung in der Wärmepfanne. Speziell bei diesem Arbeitsschritt ist viel Fingerspitzengefühl angesagt, da hiervon abhängt, ob die wertvollen Inhaltstoffe in ihrer natürlichen Form konserviert werden können. Im Anschluss daran erfolgt der eigentliche Pressvorgang. Das Ergebnis ist ein Öl voll und natürlich in Duft, Geschmack und Farbe.

Verwendung und Lagerung

Kaltgepresste Öle sind geschmacklich von ihrer Ursprungspflanze geprägt und entfalten ihre Aromen speziell in der kalten Küche. Um ihre wertvollen Inhaltstoffe zu wahren, sollten kaltgepresste Öle nur sehr behutsam erhitzt werden. Etwas hitzebeständiger sind Oliven-, Sesam-, Traubenkern- und Erdnussöl.

Was die Lagerung von hochwertigen kaltgepressten Ölen betrifft, ist ein dunkler, kühler Ort empfehlenswert. Lediglich Leinöl sollte unbedingt im Kühlschrank aufbewahrt werden, da andernfalls die Gefahr besteht, dass die ungesättigten Fettsäuren oxidieren. Leinöl ist maximal 3 Monate nach Pressung haltbar. Alle anderen Öle sind – bei optimaler Lagerung – ca. 12 Monate haltbar.

Um Ihnen einen besseren Überblick über die vielfältigen Einsatzmöglichkeiten hocharomatischer kaltgepresster Speiseöle zu ermöglichen, wurde in Zusammenarbeit mit der steirischen Ölmühle Fandler die folgende Übersicht geschaffen.

Zur Information: Sämtliche Produkte der Ölmühle Fandler werden mittels Stempelpressverfahren hergestellt, sind qualitativ hochwertig und garantieren Tropfen für Tropfen Genuss pur.

Distelöl

Distelöl verfügt über einen besonders hohen Anteil an mehrfach ungesättigten Fettsäuren und sollte daher nur sanft erhitzt werden.

Speisetipp: Das kraftvolle Aroma von Distelöl harmoniert perfekt mit feinen Salaten, Wurzelgemüse, Kohlrabi und Zucchini. Ebenfalls empfehlenswert ist Distelöl zur Verfeinerung von Nudeln, Suppen, Getreide- und Gemüsegerichten.

Erdnussöl

Erdnussöl duftet herrlich aromatisch und schmeckt besonders intensiv. Wird Erdnussöl unter 10 °C gelagert, stockt es. Hinweis: Gestocktes Erdnussöl wird bei normaler Lagertemperatur wieder flüssig. Die Qualität bleibt dabei erhalten. Erdnussöl kann behutsam erhitzt und zum Anbraten verwendet werden.

Speisetipp: Passt perfekt zu Reis, Kartoffelpuffern, Gemüse- oder Getreidelaibchen sowie zu Nudel- und Gemüsesalaten. Der nussig-erdige Geschmack von Erdnussöl rundet auch Wok-Gerichte bestens ab!

Hanföl

Hanföl ist nicht nur in kulinarischer, sondern auch in kosmetischer Hinsicht empfehlenswert und eignet sich vorzüglich zur Hautpflege. Verantwortlich dafür zeichnet in erster Linie der in kleinen Mengen vorkommende Gamma-Linolensäure-Gehalt (ca. 2,8 %).

Speisetipp: Ideal zum Verfeinern von Kraut, Fisolen, Rucola, Endivien- und Kartoffelsalat. Hanföl verleiht auch Suppen und diversen Aufstrichen den letzten Schliff.

Haselnussöl

Haselnussöl besticht dank seines zarten Aromas bzw. seines süßlich intensiven Geschmacks nach Nougat.

Speisetipp: Unwiderstehlich kombiniert man Haselnussöl mit Tomatensalat, Spargel, edlem Käse, Vanilleeis sowie mit verschiedensten süßen Kreationen. Auch bestens geeignet zum sanften Dünsten von Gemüse und vorsichtigen Herausbacken von Palatschinken.

Kürbiskernöl

Das „schwarze Gold" der Steiermark ist aus der Gastronomie nicht mehr wegzudenken und belohnt Genießer mit seinem ausgeprägt nussigen, kraftvoll samtigen Geschmack. Zur Information: Für 1 Liter Kürbiskernöl benötigt man ca. 3 kg Kürbiskerne.

Speisetipp: Passt ideal zu Rindfleischsalat, Tafelspitz sowie zu gemischtem Salat oder steirischem Käferbohnensalat. Kürbiskernöl verwandelt auch eine einfache Eierspeise in ein kleines kulinarisches Erlebnis. Ebenfalls ein Hit: Vanilleeis mit einem Tropfen Kürbiskernöl!

Leinöl

Kein anderes pflanzliches Öl liefert mehr Omega-3-Fettsäuren als Leinöl! Leinöl wird aus Leinsamen (den reifen Samen von Flachs) hergestellt, ist unbedingt im Kühlschrank aufzubewahren und innerhalb von 3 Monaten ab Pressung zu verwenden.

Speisetipp: Das nussig zartherbe Aroma von Leinöl veredelt Müslis ebenso wie Suppen oder feine Kräuteraufstriche.

Macadamianussöl

Sie gilt als köstlichste und am schwersten zu knackende Nuss der Welt: die Macadamianuss, auf Grund ihres feinen Geschmacks auch „Königin der Nüsse" genannt. Neben einem sehr hohen Fettanteil (großteils ein- und mehrfach ungesättigte Fettsäuren) enthalten Macadamianüsse u. a. Vitamin B, Calcium, Eisen und Phosphor. Macadamianussöl findet auch in der Kosmetikindustrie Verwendung, z. B. als exklusives Körperöl.

Speisetipp: Dieses mild aromatisch, leicht süßliche Luxusöl passt ideal zu Blattsalaten, frisch gepressten Säften, Süßspeisen, zarten Fischgerichten sowie zu gehobener Asia-Küche.

Mandelöl

Keine Frage: Wer Marzipan mag, wird auch Duft und Aroma von Mandelöl lieben.

Speisetipp: Mandelöl harmoniert perfekt mit Süßspeisen, Obstsalaten und diversen Fruchtsäften. Auch Blattsalate, Spargel- oder Fischgerichte erhalten durch Mandelöl den letzten Schliff!

Mohnöl

Mohnöl enthält ca. 70 % Linolsäure und findet – neben der Kulinarik – auch in der Kosmetik- und Medikamentenindustrie Verwendung.

Speisetipp: Mohnöl sollte nur ganz leicht erhitzt werden. Am besten ist es, man schmeckt fertige Gerichte mit ein paar Tropfen Mohnöl ab. Das zugleich kräftige wie zarte Mohnöl-Aroma harmoniert besonders gut mit Karotten, Kartoffeln, Spargel sowie mit Suppen und Süßspeisen. Mohnöl rundet übrigens auch den „Sommer-Klassiker" Mozzarella mit Tomaten perfekt ab!

Olivenöl

Mediterrane Küche ist eng an einen Begriff geknüpft: Olivenöl. Und dies mit Recht, zumal Olivenöl sowohl in gesundheitlicher wie in kulinarischer Hinsicht ein „Alleskönner" ist. Es eignet sich für leichtes Anbraten, aber auch zum Dünsten.

Speisetipp: Will man Urlaubsflair auf den Tisch zaubern, sollte Olivenöl griffbereit sein! Salate, Tomaten, Zucchini, Schaf- und Ziegenkäse sowie diverse Nudelgerichte erlangen – mit Olivenöl zubereitet oder verfeinert – die klassisch südländische Note.

Rapsöl

Kaltgepresstes Rapsöl besticht durch ein erdig nussig-würziges Aroma und verfügt über eine für den Menschen besonders empfehlenswerte Fettsäuren-Zusammensetzung.

Speisetipp: Rapsöl passt hervorragend zu Gurken, Fisolen, Nudeln oder Suppen. Und wer einmal seinen Endivien-Kartoffelsalat mit ein paar Tropfen Rapsöl veredelt hat, wird dies in Zukunft wohl immer tun!

Sesamöl

Sesamöl gehört zu asiatischen Gerichten ebenso wie fein geschnittenes Gemüse und Ingwer. Um zur Gänze in den Genuss dieses wunderbaren Aromas zu kommen, sollte Sesamöl nur vorsichtig erhitzt werden. Ideal ist es, wenn man fast fertig gegarte Speisen mit ein paar Tropfen Sesamöl vollendet.

Speisetipp: Sesamöl passt perfekt zu Wokgemüse, Reis- und Nudelgerichten, aber auch zu krenscharfem Rote-Rübensalat!

Sonnenblumenöl

Sonnenblumenöl ist reich an ungesättigten Fettsäuren und besticht durch eine goldgelbe Farbe und milden Geschmack.

Speisetipp: Ideale Abrundung für gemischte Salate, Mais, Paprika und Linsen. Sonnenblumenöl verfeinert auch viele Suppen, Gemüse- und Getreidegerichte.

Traubenkernöl

Traubenkernöl ist ein ganz besonders exklusives Öl, dessen Herstellung ungemein aufwändig ist. Zur Information: Für 1 Liter kaltgepresstes Traubenkernöl benötigt man ca. 15 kg Traubenkerne. Traubenkernöl enthält wertvolle Antioxidantien und ist darüber hinaus auch gut erhitzbar.

Speisetipp: Das weiße, lieblich-fruchtige Traubenkernöl schmeckt vorzüglich zu allen Arten von Rohkost. Ebenfalls empfehlenswert zum Anbraten von Fisch und Meeresfrüchten. Die rote, zartherbe Variante eignet sich perfekt zur Verfeinerung von Käse oder zum Anbraten von Wild und Rind. Eine besondere Spezialität ist das Schilcher Traubenkernöl, das wunderbar mit deftiger steirischer Küche harmoniert.

Walnussöl

Walnussöl wird aus saftigen, von Hand ausgelösten Walnusskernen gepresst und besitzt einen sehr hohen Gehalt an ungesättigten Fettsäuren. Speziell aus der französischen Küche ist Walnussöl nicht mehr wegzudenken.

Speisetipp: Sein nussiges Aroma passt hervorragend zu diversen Salatkreationen, aber auch zu feinen Gemüse- und Spargelgerichten. Feinschmecker lieben Walnussöl auch in Kombination mit Käse oder Süßspeisen.

Ölmühle Fandler GmbH, Prätis 1, A-8225 Pöllau
Tel.: +43/3335/2263
www.fandler.at

Vulcano-Rohschinken – ein unvergessliches Geschmackserlebnis!

Schinkengenuss hat einen neuen Namen: Vulcano. Konkret handelt es sich hierbei um eine steirische Fleischwarenmanufaktur, die dank der hohen Qualität ihrer Produkte aus der Top-Kulinarik nicht mehr wegzudenken ist. Grundphilosophie des Unternehmens ist eine nach ganzheitlichen Gesichtspunkten ausgerichtete Produktionsweise, die auf den natürlichen Einklang von Mensch, Tier und Natur abzielt. Demnach werden auf den Höfen der drei Vulcano-Bauern – Franz Habel, Herbert Ehrenhöfer und Markus Fuchs – nur ausgewählte, speziell gefütterte Schweine für die Schinkenproduktion herangezogen.

Kurzum: Artgerechte Tierhaltung ist am Vulcano-Hof nicht nur ein Schlagwort, sondern praktizierter Alltag. Was die Schinkenherstellung anlangt, wird Hauptaugenmerk auf eine möglichst schonende Verarbeitung gelegt. Um den feinen und aromareichen Geschmack des Fleisches nicht zu überdecken, werden die jeweiligen Vulcano-Produkte möglichst dezent gewürzt. Ausgedehnte Reife vollendet das Aroma. Vulcano-Tipp: Je feiner der Aufschnitt, umso voller der Geschmack! Vulcano-Rohschinken sollte bei 8 °C gelagert werden.

Auszug aus der Produktpalette:

Vulcano-Rohschinken (knochengereift und ausgelöst)

Beschreibung: sehr feines, mildes und edles Reifearoma, zarter Genuss

Reifezeit: 12–27 Monate luftgetrocknet

Vulcano-Rohschinken

Beschreibung: angenehm mild durch ausgewogene Würze und Meersalz

Reifezeit: 8 Monate luftgetrocknet

Kaiserteil

Beschreibung: Der reduzierte Speckanteil macht das Kaiserteil für Liebhaber von Magerem zum Muss. Der typische Vulcano-Geschmack dieses edlen Teiles kann sich durch das leicht marmorierte Fleisch hervorragend entfalten und wird mit Koriander und Wacholdergeschmack veredelt.

Reifezeit: 3,5 Monate

Vulcano-Räucherspeck

Beschreibung: Dieser Speck besticht sowohl durch seine angenehmen „Beißeigenschaften" (er ist besonders resch) als auch durch den hervorragend kultivierten Geschmack. Gut gekühlt und hauchdünn aufgeschnitten passt Vulcano-Räucherspeck hervorragend zu knusprigen Kartoffelpuffern und Linsen.

Reifezeit: 4 Monate

Trüffelfilet

Beschreibung: Das edle Schweinsfilet wird zusammen mit schwarzem Trüffel verarbeitet und luftgetrocknet.

Ideal für kalorienbewusste Genießer.

Vulcano Schinkenmanufaktur GmbH & Co KG
Auersbach 26, A-8330 Feldbach
Tel.: +43 (0) 3114 /2151
www.vulcano.at

vorspeisen

Bioziegenfrischkäse mit knusprigen Sesamblättern und Paprikamarmelade

Für 4 Personen

400 g Bio-Ziegenfrischkäse
2 Stk. Schalotten
2 EL Olivenöl
2 Stk. Paprika (rot und gelb)
1 Knoblauchzehe
1 EL Honig
100 ml Hühner- oder Gemüsefond
1 EL weißer Balsamico-Essig
Salz, Pfeffer

1 Packung Strudelteig
1 Ei
1 EL Öl
weißer und schwarzer Sesam (zum Bestreuen)

div. Blattsalate

Gelben und roten Paprika halbieren, die Kerne entfernen und würfelig schneiden. Schalotten schälen, danach vierteln und mit dem gehackten Knoblauch in Olivenöl anschwitzen. Honig und Paprikawürfel dazugeben, mit Balsamico ablöschen und mit Fond auffüllen. 10 Minuten einkochen lassen; danach mixen.

Aus dem Strudelteig mit einem Ausstecher (ca. 7 cm Durchmesser) 12 kleine Blättchen ausstechen. Das Backblech mit Backpapier belegen und mit Öl bestreichen. Die Blätter auflegen, mit versprudeltem Ei bestreichen und mit Sesam bestreuen. Danach im vorgeheizten Rohr bei 180 °C goldbraun backen.

Nun die Sesamblätter schichtweise mit Ziegenfrischkäse und Paprikamarmelade zu einem Turm formen. Mit marinierten Blattsalaten auf einem Teller gefällig anrichten.

Kartoffel-Schinkenlaibchen im Schwarzbrotmantel mit marinierten Blattsalaten

Für 4 Personen

8 Scheiben Mischbrot (mit der Schneidmaschine in ca. 1,5 mm dicke Scheiben geschnitten
60 g Vulcano-Rohschinken (oder Prosciutto)
40 g Zwiebeln, fein gehackt
10 g Petersilie, gehackt
150 g Kartoffeln, in Salzwasser gekocht und passiert
20 g Butter
3 Dotter (Eigelb)
Salz, Pfeffer, Muskat

200 g bunte Blattsalate (Lollo Rosso, Radicchio, Kopfsalat, Vogerlsalat)
8 EL Mandelöl
4 EL Himbeeressig
Salz, Pfeffer (aus der Mühle)
1 EL Ahornsirup

Den fein würfelig geschnittenen Vulcano-Rohschinken mit der fein gehackten Zwiebel anrösten und zu den passierten Kartoffeln hinzufügen. Die restlichen Zutaten (mit Ausnahme der Brotscheiben) daruntermengen.

Schwarzbrotscheiben auf der Arbeitsfläche ausbreiten. Nun mit einem Eisportionierer die Kartoffelmasse auf die Schwarzbrotscheiben setzen, mit dem Brot einwickeln und mit etwas Dotter zukleben. Gefüllte Brotscheiben in einer beschichteten Pfanne goldbraun anbraten.

In der Zwischenzeit aus den angeführten Zutaten eine Marinade anrühren. Die Blattsalate marinieren und die gebratenen Kartoffel-Schinkenlaibchen damit gefällig anrichten.

Auberginen-Mozzarellaröllchen mit Tomatencarpaccio

Für 4 Personen

1 mittelgroße Aubergine
2 EL Zitronensaft
250 g Mozzarella
4 EL Öl
Salz, Pfeffer
Oregano

Vinaigrette:
1 kl. rote Zwiebel
3 EL Balsamico
1 Bund Basilikum
6 EL Olivenöl
1 Prise Zucker

2 Tomaten
12 schwarze Oliven

Walnussöl und Butter
(zum Braten)

Aubergine waschen, trocken tupfen und die Enden wegschneiden. Aubergine mittels einer Wurstmaschine der Länge nach in acht ca. 2 mm dicke Scheiben schneiden und flach auf einen Teller legen. Mit Salz, Pfeffer, Oregano und Zitronensaft würzen und kurz ziehen lassen, damit die Scheiben elastisch werden. Mozzarella trocken tupfen und in acht ca. 3 mm dicke Scheiben schneiden.

Für die Vinaigrette Zwiebel schälen, klein schneiden und mit Balsamico, Salz, Pfeffer, einer kleinen Prise Zucker und Basilikum verrühren. Olivenöl unter Rühren zugießen.

Auberginenscheiben mit Mozzarella belegen, salzen und pfeffern. Nun diese eng einrollen und mit Zahnstochern fixieren. Röllchen nun in einer beschichteten Pfanne im Walnussöl-Buttergemisch so lange langsam braten, bis der Käse zu zerfließen beginnt. Auberginen-Mozzarellaröllchen herausnehmen, kurz überkühlen lassen und die Zahnstocher entfernen.

Tomaten in dünne Scheiben schneiden, nebeneinander auf einen Teller legen und mit Salz und Pfeffer würzen. Röllchen daraufsetzen, mit der Vinaigrette beträufeln und mit den Oliven garnieren.

Tatar vom Rinderfilet mit Senfcreme

Für 4 Personen

400 g Rinderfilet vom Almo (ersatzweise Beiried)
1 TL Zucker
2 Schalotten, geschält
1 Sardellenfilet, eingelegt
60 g Cornichons
1/2 EL Kapern (aus dem Glas)
2 Dotter (Eigelb)
1 TL Senf, mittelscharf
1 TL Ketchup
Petersilie, gehackt
1 Msp. Paprikapulver, edelsüß

Senfcreme:
100 g Crème fraîche
2 EL Senf, mittelscharf
1/2 Zitrone
Chili (aus der Gewürzmühle)
Salz, Pfeffer

1 TL Schnittlauch, geschnitten
150 g Vogerlsalat
4 EL weißer Balsamico-Essig
6 EL Walnussöl

4 Scheiben Toastbrot

Rinderfilet (ohne Fett und Sehnen) in grobe Würfel schneiden, mit zwei bis drei Prisen Salz und Zucker mischen und **10 Minuten ziehen lassen**. Anschließend fein hacken oder durch die feine Scheibe des Fleischwolfs drehen.

Sardellenfilet mit den Cornichons (kleine eingelegte Gewürzgurkerl), Schalotten und Kapern fein hacken und mit zwei Dotter unter das Fleisch mischen. Tatar mit 1 TL Senf, Ketchup, Petersilie, Paprikapulver, Salz und Pfeffer abschmecken.

Für die Senfcreme die halbe Zitrone auspressen und mit Crème fraîche, 2 EL Senf, Salz, Pfeffer und Chili verrühren.

Tatar mithilfe eines Metallringes zu einem großen flachen Kreis auf den Tellern platzieren. Senfcreme dünn darüberstreichen; mit Schnittlauch bestreuen.

Vogerlsalat gut waschen und trocken schleudern. Essig, Öl, Salz und Pfeffer miteinander verrühren und über den Salat gießen. Nun den Salat gefällig rund um das Tatar anrichten. Mit getoastetem Toastbrot servieren.

Gegrillte Hühnerbrust mit Cherrytomaten, Champignons und Vanilledressing

Für 4 Personen

4 Hühnerbrüste
8 EL Olivenöl
1 rote Zwiebel
Salz, Pfeffer
4–5 Stück Cherrytomaten
200 g Champignons
div. Kräuter (Thymian, Rosmarin)
1 Knoblauchzehe, zerdrückt
50 g Pinienkerne
Friséesalat
Kresse

Vanilledressing:
1/2 l Apfelsaft
250 g Kristallzucker
8 Vanilleschoten
Saft von 4 Limetten
weißer Balsamico-Essig
(oder Weißweinessig)
Olivenöl
Salz, Pfeffer (aus der Mühle)

Zwiebel schälen und in Streifen schneiden. Tomaten vierteln, waschen und in dünne Scheiben schneiden. Champignons ebenfalls vierteln, waschen und in Olivenöl mit der Zwiebel braten, würzen und die grob gehackten Kräuter beigeben. Geröstete Pinienkerne auf einen Teller geben.

Hühnerbrüste mit 2 EL Olivenöl bepinseln, mit Salz und Pfeffer würzen und auf einem Griller braten (ca. 6 Minuten auf jeder Seite).

Hühnerbrüste in Stücke schneiden und auf den lauwarmen Kräuter-Pilzen gemeinsam mit Tomaten, Frisée und Kresse anrichten. Mit lauwarmem Vanilledressing übergießen.

Für das Vanilledressing Apfelsaft mit Kristallzucker, den ausgekratzten Vanilleschoten und dem Limettensaft zur Hälfte einkochen. Auskühlen lassen. Unter ständigem Rühren nach und nach Olivenöl und weißen Balsamico beigeben. Mit Salz und Pfeffer würzen.

TiPP

Vanilledressing lässt sich im Kühlschrank einige Tage aufbewahren.

suppen & eintöpfe

Apfel-Kürbisschaumsuppe

Für ca. 5 Portionen

25 g Butter
80 g Lauch und Zwiebel
150 g Muskatkürbis
1 Apfel (Golden Delicious)
1/16 l Calvados
1/8 l trockener Weißwein
0,75 l Gemüsefond
10 cl Obers (Sahne)
2 EL Crème fraîche
Stärkemehl (zum Binden)

Salz, Pfeffer
Muskatnuss
je ein Zweig Thymian
und Rosmarin

Das klein geschnittene Mirepoix in Butter leicht sautieren. Geschälten und geschnittenen Kürbis sowie den klein geschnittenen Apfel beigeben, kurz durchrühren, mit Calvados und Weißwein ablöschen, mit dem Gemüsefond auffüllen und würzen.

20 Minuten köcheln lassen, Obers und Crème fraîche beigeben, im Mixer pürieren und durch ein Sieb passieren. Nochmals zum Kochen bringen und eventuell mit Stärkemehl binden.

TiPP

Servier-Vorschlag: Milch aufschäumen lassen und 1 EL davon auf die Suppe geben. Mit einem Tropfen Kernöl sowie mit angedünsteten Apfelscheiben vollenden.

Karotten-Kokossuppe mit Limonen

Für 4 Personen

400 g Karotten
2 Schalotten
2 Knoblauchzehen
1 Vanilleschote
40 g Butter, kalt
2 Msp. Ingwer, frisch gerieben
100 ml Weißwein
250 ml Hühnerfond
250 ml Kokosmilch
2 EL Olivenöl
1 Thymianzweig
1 Rosmarinzweig
Salz
Pfeffer
Chili (aus der Gewürzmühle)
2 EL Obers (Sahne),
1 Limette

Karotten waschen, schälen und in Scheiben schneiden. Schalotten und 2 Knoblauchzehen schälen und fein würfeln. 10 g Butter in einer Pfanne erhitzen und Schalotten, Knoblauch und Karottenscheiben darin anschwitzen. Ingwer fein reiben und ebenfalls anschwitzen. Vanilleschote längs aufschneiden und das Mark auskratzen. Vanillemark und Vanilleschote ebenfalls zugeben, mit Weißwein ablöschen und mit Hühnerfond aufgießen. Karotten bei milder Hitze darin weich kochen. Kokosmilch beigeben.

Anschließend die Vanilleschote entfernen und die Karotten mit der Flüssigkeit in einem Glasmixer fein pürieren. Die Suppe durch ein Sieb zurück in den Topf passieren, mit Salz, Pfeffer und etwas Chili (oder Cayennepfeffer) abschmecken. Kurz vor dem Servieren 30 g kalte Butter zugeben. Die Suppe mit einem Stabmixer schaumig aufmixen.

Sahne schlagen und mit dem Limonen-Abrieb verrühren. Die Suppe in einem Teller anrichten und mit dem Limonenobers garnieren.

TiPP

Als Suppeneinlage empfiehlt sich ein gedämpftes Fischfilet (aus dem Dampfgarer). Vorzugsweise Heilbutt, Forelle oder Zander. Ebenfalls vorzüglich: auf Zitronengras aufgespießte Jakobsmuscheln.

Apfel-Curryschaumsuppe

Für 4 Personen

4 Äpfel
1 Zwiebel
30 g Pastinaken
2 EL Butter
1 EL Currypulver
500 ml Hühnersuppe
1/8 l Apfelsaft
1/2 TL Ingwer, frisch gerieben
Saft von 1 Zitrone
3 Gewürznelken
1/8 l Obers (Sahne)
Salz, Pfeffer
1 TL Honig

Äpfel vom Kerngehäuse befreien und in Würfel schneiden. Eine Apfelhälfte in dünne Stifte schneiden, mit etwas Zitronensaft beträufeln und zum Garnieren zur Seite stellen.

Zwiebel fein schneiden und mit den geschnittenen Pastinaken und gewürfelten Äpfeln in Butter anschwitzen und mit dem Saft einer halben Zitrone würzen. Currypulver, Ingwer und Gewürznelken dazugeben. Mit Hühnersuppe, Apfelsaft und Obers aufgießen. Zugedeckt bei wenig Hitze 15 Minuten köcheln lassen.

Nun die Gewürznelken herausnehmen, die Suppe pürieren und mit Salz und Pfeffer abschmecken. In einer Pfanne 2 EL Apfelsaft und Honig aufkochen und die vorbereiteten Apfelstifte kurz einlegen. Die Suppe in tiefen Tellern anrichten und mit den Apfelspalten garnieren.

TiPP

Servier-Vorschlag (siehe Foto): Apfel-Curryschaumsuppe in einen ausgehöhlten Apfel füllen und gefällig mit Honig und Apfelspalten garnieren.

Getrüffelte Rahmsuppe von der Räucherforelle mit Cognacobers überbacken

Für 2 Personen

1 Räucherforellenfilet
20 g Schalotten, gehackt
20 g weißer Lauch
15 g Tomatenwürfel
2 cl Noilly Prat (Vermouth)
1/4 l Gemüsefond
1 cl Obers (Sahne)
1 TL Crème fraîche
Limettensaft, Meersalz
Pfeffer (aus der Mühle)
1 EL Trüffelöl
10 g eiskalte Butter

1 cl Cognac
1 Dotter (Eigelb)
1 EL Obers (Sahne), geschlagen
frische Trüffel (nach Geschmack)

Fein geschnittene Schalotten, Lauch und Tomatenwürfel in etwas Butter anschwitzen. Mit Noilly Prat ablöschen, auf die Hälfte einreduzieren lassen und mit Gemüsefond auffüllen. Die Hälfte des Forellenfilets sowie die Sahne und Crème fraîche dazugeben und rund zehn Minuten kochen lassen. Nun die Suppe mixen und durch ein Spitzsieb passieren. Mit Meersalz, Pfeffer, Limettensaft und Trüffelöl abschmecken.

Die zweite Hälfte des Forellenfilets in kleine Würfel schneiden, erwärmen und in einem Strudelteigkörberl anrichten. Hierfür einen quadratischen Strudelteig – 8 cm x 8 cm – über eine befettete Dariolform geben und bei 160 °C fertig backen.
Bratzeit: 8–10 Minuten.

Die Suppe mit kalter Butter montieren und in tiefen Tellern anrichten.

Dotter mit geschlagenem Obers und Cognac vermischen, auf die Suppe geben und überflämmen. Mit frisch geriebenen Trüffeln vollenden.

Kartoffelgulasch

Für 4 Personen

3/4 kg Kartoffeln
2 EL Öl
2–3 Zwiebeln
1 EL Tomatenmark
2 EL Paprikapulver, edelsüß
1/8 l Rotwein
1/2 l Rindsuppe oder Gemüsefond
1 TL Majoran
Kümmel, gemahlen
2 Lorbeerblätter
2 Knoblauchzehen, gehackt
Abrieb von einer 1/2 Zitrone
1/8 l Sauerrahm (saure Sahne)
etwas Mehl
2 Stück Debreziner oder
100 g Braunschweiger
1–2 Pfefferoni
1 Stk. Paprika

Kartoffeln schälen, vierteln und in kaltes Wasser geben (damit die Kartoffeln keine braune Farbe annehmen). Zwiebeln schälen und klein würfelig schneiden. In einem Topf Öl erhitzen und die Zwiebeln darin braun rösten. Tomatenmark beigeben und weiter rösten. Paprikapulver darüberstreuen, einmal durchrühren und mit Rotwein ablöschen.

Mit Rindsuppe aufgießen und die Kartoffelstücke hinzufügen. Die Gewürze beigeben und das Kartoffelgulasch weich kochen.

Inzwischen Pfefferoni in Ringe und Paprika in Würfel schneiden (0,5 cm x 0,5 cm). Sauerrahm mit Mehl glatt rühren und das Gulasch damit binden. Zum Schluss den klein geschnittenen Paprika, Pfefferoni und die geschnittenen Debreziner beimengen.
Ca. **10–15 Minuten ziehen lassen** und auf dem Teller eventuell mit Sauerrahm garnieren.

TIPP

Dazu schmeckt sehr gut eine Vollkorn-Semmel und ein Glas Bier.

Kürbiscremesuppe

Für 2 Personen

ca. 100 g Kürbis (American Gigant oder Hokkaido)
10 g Lauch
10 g Sellerie
1/2 Zwiebel
1/2 Knoblauchzehe
1 TL Butter
1/4 TL Paprika, edelsüß
1 Msp. Kümmel
1 Lorbeerblatt
Salz, weißer Pfeffer
etwas Balsamico
1/2 l Gemüsefond oder Rindsuppe
1 cl Obers (Sahne)
evtl. Stärkemehl (zum Binden)

Zum Servieren:
Kürbiskernbrot
Kürbiskerne
Kernöl

Butter in einem Topf erhitzen, klein geschnittene Zwiebel anschwitzen. Weißes Mirepoix und geschnittenen Kürbis beigeben und bei mittlerer Hitze ein paar Minuten dünsten. Zerdrückten Knoblauch, Lorbeerblatt, Paprikapulver, Salz und Pfeffer beifügen. Mit Rindsuppe und Obers aufgießen, aufkochen lassen und **ca. 15–20 Minuten köcheln lassen**.

Lorbeerblatt entfernen und die Suppe im Mixer aufmixen. Wenn nötig, mit Stärkemehl etwas binden.

Beim Anrichten geröstete Kürbiskernbrot-Würfel sowie geschrotete, geröstete Kürbiskerne daraufgeben. Eventuell mit ein paar Tropfen Kernöl verzieren.

Dinkelsuppe mit Vulcano-Schinkenstreifen

Für 4–5 Personen

100 g Dinkelreis
20 g Schalotten
10 g Lauch
10 g Karotten
10 g Sellerie
25 g Butter
1 Selchripperl (vom Metzger)
1 l Gemüse-Bouillon
100 g Obers (Sahne)
Salz, Pfeffer (aus der Mühle)
Kerbelblätter

50 g Vulcano-Rohschinken
1/16 l Magermilch
(zum Aufschäumen)

Dinkelreis in einem Sieb kurz mit fließendem Wasser abspülen und abtropfen lassen. Die fein geschnittenen Schalotten in etwas Butter andünsten, den Dinkelreis und das Selchripperl dazugeben, mit Bouillon aufgießen und **ca. 15–20 Minuten kochen** lassen.

Das fein würfelig geschnittene Gemüse in einem Dampfgarer weich garen.

Selchripperl und ca. die Hälfte der Dinkelreismenge aus der Suppe nehmen, Obers unterrühren und mit Salz und Pfeffer abschmecken. Nun die Suppe mixen und durch ein Sieb passieren. Danach den übrigen Dinkelreis und das Gemüse in die Suppe einrühren.

Dinkelsuppe in tiefen Tellern anrichten und mit gebratenen Vulcano-Schinkenstreifen sowie mit Milchschaum garnieren.

salate & salatkompositionen

Knackfrische Sommersalate im Fladenbrotkranz mit Räucherlachslaibchen und Limettensauerrahm

Für 2–3 Personen

200 g Kartoffeln, mehlig
1 Ei
2 EL Obers (Sahne)
2 EL Mehl (glatt)
ca. 100 g Räucherlachs
Dille und Basilikum
1 unbehandelte Limette (Abrieb und Saft)
Salz und Pfeffer (aus der Mühle)
20 g Butter
2–3 EL Erdnussöl

2–3 Scheiben Fladenbrot
50 g Blattsalate (Radicchio, Lollo Rosso, Rucola, Eichblattsalat, Kopfsalat)
Radieschenstreifen und Cocktailtomaten (zum Garnieren)

Dressing:
2 EL Sherryessig
3 EL Basilikumöl
Salz, Pfeffer (aus der Mühle)
Ahornsirup (zum Verfeinern)

Kartoffeln kochen, schälen und passieren. Nun die passierten Kartoffeln mit dem flüssigen Obers glatt rühren (wie für ein Püree). Nach dem Überkühlen den fein geschnittenen Räucherlachs, Ei und Mehl beigeben. Zum Schluss mit gehackter Dille, Basilikum und Abrieb von einer 1/2 Limette abschmecken. Da die Masse relativ weich ist, ist es empfehlenswert, diese mittels Eisportionierer in eine beschichtete Pfanne zu geben und langsam in Erdnussöl und aufgeschäumter Butter zu braten.

Für den Fladenbrotkranz das Fladenbrot 3 mm dick schneiden. Eine Dariolform oder Kaffeetasse damit auskleiden und im Backrohr bei 160–170 °C backen. **Bratzeit: 5–6 Minuten.**

Die geputzten, gewaschenen Blattsalate gefällig im Brotkranz anrichten, evtl. auf Radieschenstreifen setzen und mit einer Basilikum-Sherryessigmarinade abschmecken.

TIPP

Dazu passt ideal eine Limetten-Sauerrahmsauce, mit der man die Laibchen zur Hälfte überzieht. Hierfür 3 EL Sauerrahm (saure Sahne) mit Limettensaft, Salz und Pfeffer vermengen.

Foto Seite 38

Knuspriger biologischer Schafkäse auf mariniertem Rucola und Tomaten

Für 4 Personen

280 g biologischer Schafkäse
4 Scheiben Vulcano-Rohschinken (oder Prosciutto)
2 EL Weizenmehl
1 Ei
2 EL Semmelbrösel
2 EL Cornflakes, geschrotet
2 EL Haferflocken (fein)
2 EL Kürbiskerne, geschrotet
Salz, Knoblauch
150–200 g Rucola
2 Stk. reife Tomaten

Vanilledressing:
1/4 l Apfelsaft
125 g Kristallzucker
4 Vanilleschoten
Saft von 2 Limetten
2 EL weißer Balsamico (oder Weißweinessig)
3 EL Olivenöl
Salz, Pfeffer (aus der Mühle)

Schafkäse in 0,5 cm x 0,5 cm x 5 cm dünne Stifte schneiden und jeweils in eine halbierte Vulcano-Schinkenscheibe einrollen. Diese nun mit Mehl, Ei und einem Gemisch aus Semmelbröseln, Cornflakes, Haferflocken und Kürbiskernen panieren. Die Stifte in Erdnussöl rasch frittieren.

Inzwischen das Dressing bereiten, indem man den Apfelsaft mit Kristallzucker, ausgekratzten Vanilleschoten und Limettensaft zur Hälfte einkocht und auskühlen lässt. Nun unter ständigem Rühren das Olivenöl sowie den weißen Balsamico nach und nach beigeben. Mit Salz und Pfeffer würzen.

Inzwischen die Tomaten mit einer Aufschnittmaschine dünn aufschneiden und auf einem Teller platzieren. Den sparsam marinierten Rucola mit dem Schafkäse gefällig darauf anrichten.

TIPP

Diese Marinade lässt sich mehrere Tage im Kühlschrank aufbewahren.

Linsensalat mit Wachtelsupreme und Portwein

Für 4 Personen

250 g Linsen
2 EL Walnussöl
1 EL Sherryessig
2 Schalotten
1/2 Knoblauchzehe

4 Wachtelsupreme
(Wachtelbrüstchen)
Butter (zum Braten)
Portwein (zum Ablöschen)
Salz, Pfeffer (aus der Mühle)
Rosmarin und Thymian
etwas brauner Hühnerfond

Die Linsen nach Anleitung weich kochen (oder ersatzweise bereits fertig gegarte Linsen verwenden) und mit den fein geschnittenen Schalotten, der zerdrückten Knoblauchzehe sowie mit Sherryessig und Walnussöl zu einem Salat verarbeiten.

Die Wachtelbrüstchen gut würzen und in aufgeschäumter Butter mit den Kräuter langsam braten. Den Bratensatz mit Portwein ablöschen, etwas braunen Hühnerfond beigeben und mit Butter montieren.

Den Linsensalat gefällig auf einem Teller anrichten und als Krönung die Wachtel daraufgeben. Linsensalat mit Portweinsaft umkränzen.

Bunter Reissalat mit Hühnerbrust

Für 2 Personen

1 Stk. Hühnerbrust
150 g Sojasprossen
1 Dose Bambussprossen
100 g Reis
1 TL Curry
50 g Lauch
1/2 Ananas
(oder 3 Scheiben Ananas aus der Dose)
Salz, Pfeffer, Knoblauch
Apfelessig (zum Ablöschen)
Olivenöl

Die Hühnerbrust in Streifen schneiden, würzen und in Olivenöl kurz anbraten. Curry beigeben und mit etwas Apfelessig ablöschen. Bambussprossen, Sojasprossen und geschnittenen Lauch hinzufügen und nochmals durchköcheln lassen.

Reis mit etwas Curry separat kochen, erkalten lassen und mit den Hühnerbruststreifen vermischen. Zum Schluss eventuell mit geschnittener Ananas verfeinern.

Salat von zweierlei Spargeln mit Räucherlachsrosen

Für 4 Personen

je 150 g grüner und weißer Spargel
Öl (zum Braten)
1 Knoblauchzehe
1/2 TL Zucker
Saft einer 1/2 Zitrone
4 EL Walnussöl
2 EL weißer Balsamico-Essig
1 EL Spargelfond
1 Tomate
8 Scheiben Räucherlachs
Dille (zum Garnieren)
1 Baguette

Spargel schälen und schräg in 2–3 cm lange Stücke schneiden. Öl im Wok (oder in der Bratpfanne) erhitzen und Spargel zugeben. Zucker und zerdrückte Knoblauchzehe beimengen und mit etwas Fond weich dünsten. Mit Salz und Pfeffer sowie Zitronensaft würzen. Mit Walnussöl und Essig abschmecken. Kurz überkühlen.

Tomate häuten, entkernen, in Würfel schneiden und hinzufügen; Knoblauchzehe entfernen. Nun den Räucherlachs zu Rosen formen und gefällig mit Dille anrichten. Mit Baguette servieren.

Pasta-Salat „Toskana“

Für 4 Personen

320 g Farfalle
40 g Pinienkerne
250 g Mozzarella
400 g Tomaten
6 kleine Artischocken, gekocht oder eingelegt

70 g schwarze Oliven
1 Knoblauchzehe
1 EL Weißweinessig
2 EL Sherryessig
6 EL Olivenöl
Salz, Pfeffer

1 Bund Basilikum
150 g Radicchio
100 g Vulcano-Rohschinken (oder Prosciutto)

Farfalle in Salzwasser bissfest kochen, abseihen, kalt abschrecken und abtropfen lassen.

Pinienkerne in einer beschichteten Pfanne (ohne Fett) goldgelb rösten und auf einem Teller abkühlen lassen. Mozzarella in kleine Stücke schneiden, Artischocken vierteln. Alle Zutaten in eine Schüssel geben.

Knoblauch fein hacken und mit Weißweinessig, Sherryessig, Knoblauch, Pfeffer und Salz verrühren. Olivenöl unter Rühren zugießen. Marinade über den Salat verteilen und vermengen. Kurz ziehen lassen.

Radicchio in Streifen schneiden und portionsweise in Salatschalen füllen. Basilikumblättchen fein schneiden und mit dem Salat vermischen.

Pasta-Salat auf dem Radicchio anrichten und mit Vulcano-Schinken garnieren.

cocktailhappen • sandwiches
wraps • aufstriche • dips

Wraps mit Räucherlachs, Gurken und Kopfsalat

Für 2 Personen

4 Tortillas (aus dem Feinkostladen)
200 g Räucherlachs, in Streifen geschnitten
4 kleine Salatblätter, in Streifen geschnitten
6 Schlangengurkenscheiben, in Streifen geschnitten
4 EL Dill-Senfsauce
[4 EL Sauerrahm (saure Sahne), 1/2 EL süßer Senf, etwas Dille, 1/2 TL Honig, Salz, Pfeffer]

Die Tortillas auf einem Pergamentpapier auflegen und diese mit den Salatblättern zu 2/3 belegen. Danach die Gurkenstreifen und den Räucherlachs darauf verteilen. Die Dill-Senfsauce daraufgeben, seitlich ca. 2 cm einschlagen und mit Pergamentpapier zusammenrollen. Auf diese Weise kann man die Wraps mit den Händen essen.

Foto Seite 46

Wraps mit Rinderfilet, Radieschen, Gurken und Kopfsalat

Für 2 Personen

4 Tortillas (aus dem Feinkostladen)
4 Stk. Salatblätter
2 Stk. große Radieschen
6 Stk. Schlangengurkenscheiben, in Streifen geschnitten
200 g Almo Rinderfilet (oder Beiried, Schweinsfilet, Pute)
Salz, Pfeffer
4 EL Senfsauce
[3 EL Sauerrahm (saure Sahne), 1 EL Mayonnaise, 1 TL Meaux Senf, Salz, Pfeffer]

Rinderfilet in Streifen schneiden, mit Salz und Pfeffer würzen und saftig rosa braten. Die Tortillas auf einem Pergamentpapier auflegen und diese mit den in Streifen geschnittenen Salatblättern zu 2/3 belegen. Danach die Radieschen- und Gurkenstreifen darauf verteilen. Nun die noch lauwarmen rosa Filetstreifen daraufgeben und mit der Senfsauce überziehen. Die Wraps nun seitlich ca. 2 cm einschlagen und mit dem Pergamentpapier zusammenrollen. Auf diese Weise kann man die Wraps mit den Händen essen.

Sandwich mit Räucherlachs

Für 2 Stück

200 g Räucherlachs
6 Stk. Cherrytomaten
4 Scheiben Gartengurken
4 Blatt Kopfsalat
4 Scheiben Toast
3 EL Sauerrahm (saure Sahne)
1 EL Mayonnaise
1/2 TL süßer Senf
1/2 TL Honig
Salz, Pfeffer (aus der Mühle)
Knoblauch
Dille, geschnitten

Das Toastbrot toasten. Aus Sauerrahm, Mayonnaise, Honig, Salz, Pfeffer und Dille eine Sauce herstellen. Toast mit Salatblättern, Gurken- und Cherrytomatenscheiben sowie mit in Scheiben geschnittenen Räucherlachs belegen. Etwas von der Dillsenfsauce daraufgeben und mit der zweiten Toastscheibe abschließen. Sandwich quer halbieren und extra noch eine Dillsenfsauce dazugeben.

Sandwich mit Hühnerbrust

Für Personen

200 g Hühnerfilet
6 Stk. Cherrytomaten
4 Scheiben Gartengurken
4 Blatt Kopfsalat
4 Scheiben Toast
4 EL Sauerrahm (saure Sahne)
1 TL Wasabi
Salz, Pfeffer (aus der Mühle)
etwas Knoblauch

Das Hühnerbrustfilet mit Salz und Pfeffer würzen und in Olivenöl anbraten. Rosmarinzweig und Butterflocken beigeben und bei 140 °C im Backrohr garen. **Bratzeit: ca. 10 Minuten.** Inzwischen den Toast toasten.

Mit Sauerrahm, Wasabi, Knoblauch, Salz und Pfeffer eine Sauce herstellen. Toast mit Salatblättern, Gurken- und Cherrytomatenscheiben sowie aufgeschnittener Hühnerbrust belegen. Etwas Wasabi-Sauce daraufgeben und mit der zweiten Toastscheibe abschließen. Sandwich quer halbieren und (je nach Geschmack) etwas Wasabi-Sauce als Dip dazugeben.

Avocadococktail mit Shrimps in der Strudelhippe

Für 10–12 Stück

100 g Avocadofleisch
30 g Apfelwürfel
30 g Bauernjoghurt
30 g Mayonnaise
20 g Sauerrahm (saure Sahne)
100 g Black Tiger Shrimps
1 Pkg. Strudelteig
1 EL Dille, fein gehackt
Öl (zum Herausbacken)
Salz und Pfeffer (aus der Mühle)

Strudelteig auflegen und Kreise mit 8 cm Durchmesser ausstechen. Einzelne Blätter in das erhitzte Öl legen, mit einem Sektkorken in die Mitte des Blattes eintauchen, bis der Teig Farbe bekommt und knusprig ist. (Oder die Teigblätter auf eine kleine befettete Dariolform geben und im Backrohr bei 160 °C fertig backen. **Bratzeit: 6–7 Minuten.**)

Strudelhippen auf einem Küchenpapier abtropfen lassen. Mayonnaise mit Joghurt und Sauerrahm verrühren, würfelig geschnittene Avocado und Äpfel untermischen, mit Salz, Pfeffer und gehackter Dille würzen.

Avocadococktail in die Strudelhippen füllen und mit Shrimps und Dille garnieren.

Käsecracker

1 Teil Eiweiß
1 Teil Mehl
1 Teil Parmesan (oder Reibkäse)
Salz, Pfeffer

Eiweiß mit Mehl und Parmesan vermischen, mit Salz und Pfeffer würzen und zu einer 3 cm dicken Rolle formen. In Klarsichtsfolie einschlagen und kurz anfrieren. In 3 mm dicke Scheiben schneiden und in Erdnussöl schwimmend herausbacken.

Servier-Variante: Die Grundmasse kann auch – je nach Geschmack – mit Kräutern, Schinken oder Gemüsewürfeln ergänzt werden.

TiPP

Käsecracker sind eine ideale Beilage für Salate oder diverse Vorspeisen. Sie passen auch vorzüglich zu Räucherfisch- oder Gemüse-Mousse.

Kürbiskernaufstrich

Für 2 Personen

150 g Bauerntopfen (Quark)
75 g Kartoffeln, gekocht und passiert
2 EL Bauernjoghurt
2 EL Sauerrahm (saure Sahne)
1/2 Zwiebel, gehackt
Schnittlauch, Petersilie
1/2 Knoblauchzehe
1 1/2 EL Kernöl
2 EL Kürbiskerne
Salz und Pfeffer (aus der Mühle)

Den Topfen mit den passierten Kartoffeln, Sauerrahm und Joghurt glatt rühren. Danach Zwiebel, Schnittlauch, Petersilie und zerdrückten Knoblauch beigeben. Zum Schluss das Kernöl sowie die Kürbiskerne hinzufügen und salzen und pfeffern.

Den fertigen Aufstrich auf ein Vollkorn- oder Kürbiskernbrot aufstreichen und eventuell mit fein geschnittenen Radieschen bzw. mit gerösteten und geschroteten Kürbiskernen, Cherrytomaten und Rucola garnieren.

Kartoffelaufstrich

Für 2–4 Personen

1–2 Stk. Kartoffeln, gekocht
1 EL roter, gelber und grüner Paprika
1/2 Zwiebel, gehackt
Schnittlauch, Petersilie
1/2 Knoblauchzehe
2 EL Joghurt
1 EL Sauerrahm (saure Sahne)
Salz und Pfeffer (aus der Mühle)

Paprika fein schneiden und blanchieren. Die gekochten Kartoffeln passieren und mit der blanchierten Paprika-Brunoise vermischen. Mit den übrigen Zutaten gut vermengen und mit Salz und Pfeffer abschmecken.

Kürbiskernpesto

Für 1 Glas à 450 g

150 g Kürbiskerne, geröstet und fein gerieben
150 g Kürbiskernöl
2 EL Parmesan, frisch gerieben
100 g Pinienkerne
Prise Salz
Pfeffer (aus der Mühle)

Pinienkerne in einer beschichteten Pfanne rösten. Kürbiskernöl mit den übrigen Zutaten in einem Mixer gut mixen und in sorgfältig ausgespülte Einmachgläser füllen. Hinweis: Gut gekühlt kann das Pesto etwa 2 Wochen gelagert werden.

TIPP

Der feine nussige Geschmack der Kürbiskerne harmoniert ideal mit vielen Nudelgerichten, eignet sich aber auch bestens zum Verfeinern von kalten Gerichten – u.a. von Schafkäse, Salaten oder Räucherfischen.

pasta & risotto

Pasta mit getrockneten Tomaten, schwarzen Oliven und Anchovis

Für 4 Personen

240 g Nudeln (Farfalle)
1 Stk. Brokkoli
1 Schalotte
1/2 Knoblauchzehe
30 g schwarze Oliven
50 g Erbsenschoten
8 Stk. Kapern
6 getrocknete Tomaten
Rosmarin
80 g Bio-Ziegenfrischkäse
Salz, Pfeffer
250 ml Obers (Sahne)
250 ml Gemüsefond

1 EL gehackte Kräuter (Petersilie, Basilikum, Schnittlauch)
2 EL geriebener Parmesan

Nudeln al dente kochen, danach abseihen.

Brokkolirosen ablösen und diese kurz in Salzwasser blanchieren, danach kalt abschrecken. Olivenöl mit Schalotten, Knoblauch, schwarzen geviertelten Oliven sowie den gehackten Anchovis, den getrockneten Tomaten, Kapern, Erbsenschoten (julienne geschnitten) und dem fein gehackten Rosmarin anrösten. Obers und Gemüsefond zugeben und weich kochen. Nun den fein geschnittenen Ziegenkäse beigeben und durchkochen. Erst am Schluss mit Salz und Pfeffer abschmecken.

Mit Nudeln und Brokkolirosen ergänzen und mit gehackten Kräutern sowie mit Parmesan bestreut, servieren.

Penne all' arrabbiata

Für 4 Personen

500 g Penne
100 g Vulcano-Räucherspeck
1 Dose gewürfelte Tomatenstücke (400 g)
1 Bund Petersilie (glatt)
2 kleine frische rote Peperoni-Schoten (oder getrocknete)
50 g Parmesan, gerieben
1 Zwiebel
2 Knoblauchzehen
2 EL Olivenöl
Salz, Pfeffer

Penne in Salzwasser nach Anleitung kochen. Speck in feine Streifen schneiden. Zwiebel hacken, Knoblauch in dünne Scheiben schneiden.

In einer Pfanne Olivenöl erhitzen und den Speck, die gehackte Zwiebel sowie den Knoblauch andünsten. Die Tomatenmasse sowie die entkernten, halbierten Peperoni-Schoten dazugeben.

Die gegarten Penne unter die Sauce heben. Petersilie fein hacken und ebenfalls untermischen. Nochmals mit Salz und Pfeffer abschmecken. Mit geriebenem Käse servieren.

Tipp

Bitte Vorsicht bei den Peperoni! Lieber während des Kochens etwas zurückbehalten und die klein geschnittenen Peperoni erst bei Tisch hinzufügen.

Pasta mit Eierschwammerln, Rohschinken und Ei

Für 2 Personen

1 Zwiebel
100 g Rohschinken
(vorzugsweise Vulcano-Rohschinken)
Olivenöl
150 g Eierschwammerl (Pfifferlinge)
120 g Penne
Weißwein (zum Ablöschen)
Salz, Pfeffer (aus der Mühle)
1 Knoblauchzehe
frische Kräuter
(Schnittlauch, Petersilie, Majoran,
Thymian, Rosmarin)

1 Ei
50 g flüssiges Obers (Sahne)
50–70 g Parmesan

Die Zwiebel fein schneiden und mit dem in Streifen geschnittenen Rohschinken in Olivenöl anschwitzen. Die geputzten und geschnittenen Eierschwammerl beigeben und ebenfalls anbraten. Mit Weißwein ablöschen und die gekochten Penne hinzufügen. Mit Salz, Pfeffer, Knoblauch und den Kräutern abschmecken.

Zum Schluss die Obers-Eilegierung (Obers und Ei im Verhältnis 1:1 versprudeln) beimengen, aber nicht mehr kochen lassen, weil andernfalls das Ei stockt.

Mit frisch geriebenem Parmesan bestreuen und gefällig auf Pasta-Tellern anrichten.

TIPP

Dazu passt grüner Salat mit steirischem Kernöl.

Oststeirische Pasta mit Kernöl und Kürbiskernen

Für 4 Personen

280 g Penne
1 cl Olivenöl
1 cl Kürbiskernöl
160 g Hühnerbrust
100 g Wurzelgemüse (Lauch, Sellerie, Karotten, Petersilienwurzel)
80 g Champignons (oder Eierschwammerl, Pfifferlinge)
Salz, Pfeffer (aus der Mühle)
Paprikapulver
Weißwein (zum Ablöschen)
1/2 Chilischote
1/2 Knoblauchzehe
2 EL Kürbiskerne
1 cl Balsamico-Lack
8 Stk. Cherrytomaten
gehackte Kräuter (Petersilie, Schnittlauch, Rosmarin)
1 Bund Apfelminze
frischer Parmesan (zum Servieren)

Für den Balsamico-Lack Zucker und Balsamico (Verhältnis 1:1) um 1/3 einkochen lassen und kühl stellen.

Die Nudeln auf den Punkt kochen. Hühnerbrust in feine Streifen schneiden und mit Salz, Pfeffer und Paprikapulver würzen. Wurzelgemüse ebenfalls in Streifen schneiden. Olivenöl in der Wokpfanne (oder in einer beschichteten Pfanne) erhitzen und die Hendlstreifen anbraten. Wurzelgemüse und Eierschwammerl beigeben und durchrösten. Mit Weißwein ablöschen.

1 cl vom Balsamico-Lack beimengen und durchkochen lassen. Danach die al dente gekochten Nudeln, Kernöl, Kürbiskerne sowie die gehackten Kräuter und Cherrytomaten hinzufügen. Von der Apfelminze nur die kleinen Blätter abzupfen und untermengen. Auf einem Pastateller anrichten und den Parmesan darüberreiben.

Feines Bio-Dinkel-Gemüserisotto mit Kartoffelpuffern

Für 2 Personen

1 TL Butter
1 Stk. Schalotte
20 g Karotten
20 g Stangensellerie
20 g Lauch
120 g Dinkelreis
2 EL Weißwein
1/4 l Gemüsefond
1 EL Obers (Sahne)
1 Lorbeerblatt
Salz, Pfeffer (aus der Mühle)
Muskatnuss
1 EL Parmesan, frisch gerieben

Kartoffelpuffer:
1 Ei
150 g geraspelte Kartoffeln
1 EL Sauerrahm (saure Sahne)
Salz, Pfeffer (aus der Mühle)
Muskat
1 Msp. Knoblauch
Majoran
Olivenöl (zum Braten)

Butter aufschäumen lassen und die fein geschnittene Schalotte anschwitzen. Den gewaschenen Dinkelreis beigeben, kurz anschwitzen und mit Weißwein und Gemüsefond aufgießen. Die Gewürze beigeben.

Wenn der Dinkelreis fast fertig ist, das fein würfelig geschnittene Gemüse dazugeben und mit Parmesan und 1 EL Obers zu einer cremigen Konsistenz verarbeiten.

Für die Kartoffelpuffer die geraspelten Kartoffeln gut ausdrücken und mit dem Ei, Sauerrahm sowie den Gewürzen vermischen. In einer beschichteten Pfanne Öl erhitzen und die zu Laibchen geformten Erdäpfelpuffer beidseitig braten.

TiPP

Dazu passt eine kalte Sauerrahm-Schnittlauchsauce.

wok & chutneys

Chinesische Eiernudeln mit Gemüse und Putenstreifen in pikanter Sojasauce

Für 2 Personen

15 g Olivenöl
20 g Knoblauch, Ingwer, Zitronengras (zu je einem Drittel)
5 g Palmzucker (oder brauner Zucker)
80 g Putenstreifen
Salz, Pfeffer, Koriander
80 g geschnittenes Gemüse (Zucchini, Karotten, gelbe Rüben, Erbsenschoten, Pilze, Sojasprossen, rote, grüne und gelbe Paprika)
1–2 cl Hühnerfond
10 g Sojasauce
Mirin (Reiswein)
Chilisauce
120 g chinesische Eiernudeln
1/2 TL Honig
1/2 TL Stärkemehl
Salz, Pfeffer (aus der Mühle)
Limettenschale
25 g Schnittlauch, fein geschnitten

Sesam (zum Bestreuen)
Reisessig (zum Ablöschen)

Knoblauch, Ingwer und Zitronengras fein hacken oder im Mörser mahlen.

Olivenöl im Wok erhitzen. Gehackten Ingwer, Knoblauch und Zitronengras anbraten, Palmzucker beigeben. Die mit Salz, Pfeffer und Koriander marinierten Putenstreifen ebenfalls mit anbraten.

Danach das geschnittene Gemüse beigeben und mit Reisessig ablöschen. Mit etwas braunem Hühnerfond, Reiswein sowie Sojasauce aufgießen, kurz durchkochen und die vorgekochten chinesischen Eiernudeln unterheben.

Mit Salz, Pfeffer, Limetten-Abrieb, Honig und Chilisauce würzen. Wenn nötig, mit etwas angerührtem Stärkemehl binden (hierfür etwas Stärkemehl oder Bio-Dinkel-Vollkornmehl mit 1 EL Wasser glatt rühren). Zum Schluss mit geschnittenem Schnittlauch und Sesam bestreuen.

Hühnerbruststreifen mit Penne und getrockneten Tomaten

Für 2 Personen

200 g Hühnerbrustfilet
130 g getrocknete Tomaten (in Öl)
200 g Penne Rigate
1 Knoblauchzehe
100 ml Obers (Sahne)
1 EL Pinienkerne
2 TL Basilikum-Pesto (frisch zubereitet oder aus dem Feinkostladen)
1 EL frische Basilikumblättchen

Penne nach Packungsanleitung in Salzwasser bissfest kochen. In der Zwischenzeit die getrockneten Tomaten abtropfen lassen und das Öl auffangen. Tomaten in dünne Streifen schneiden. Pinienkerne in einer beschichteten Pfanne (ohne Fett!) leicht bräunen. Die Hühnerbrust in dünne Streifen schneiden.

Wok erhitzen und die Hühnerbruststreifen im Öl der Tomaten unter ständigem Rühren anbraten. Knoblauchzehe fein hacken und mitbraten. Nun Tomaten und Obers zugeben und ca. 1 Minute köcheln lassen. Basilikum-Pesto sowie die gut abgetropften Nudeln untermengen. Mit Salz und Pfeffer würzen. Pasta mit Pinienkernen sowie den gezupften Basilikumblättchen garniert servieren.

Basilikum-Pesto

2 EL Pinienkerne
5 EL Olivenöl
10 Stk. Basilikumblätter
2 Knoblauchzehen
2 EL Parmesan, gerieben
Salz, Pfeffer (aus der Mühle)

Alle Zutaten miteinander vermischen und mit dem Mixstab oder Rotormixer eine cremige Konsistenz herstellen.

Garnelencurry im Jasminreisring

Für 2 Personen

8 Stk. Garnelen (8/12)
1 Knoblauchzehe
1/2 TL Ingwer
1/2 TL Zitronengras
1/4 TL Tamarindenpaste
1 TL Palmzucker (oder brauner Zucker)
1 EL Olivenöl
1/2 Chili, halbiert und entkernt
1 TL Curry
150 ml Kokosmilch
50 ml kräftiger Gemüse- oder Hühnerfond
1/16 l Mitsukan (Reisessig)
je 20 g Soja, Bambussprossen,
Karottenstifte und Zucchinistifte
1 Stk. Jungzwiebel
1 Selleriestange
etwas Koriandergrün
Basilikum, Salz
1/2 TL Honig
1/16 l Mirin (Reiswein)
Stärkemehl (zum Binden)

Reis:
1 TL Butter
70 g Jasminreis (oder Basmatireis)
Sternanis, Kreuzkümmel, Pilzmehl
etwas Limettenschalen-Abrieb
gespickte Zwiebel (Lorbeerblatt
mit Gewürznelken)

Knoblauch, Zitronengras und Ingwer hacken. Gemeinsam im Wok in Olivenöl anrösten und den Palmzucker sowie die Tamarindenpaste beigeben.

Gehackten Chili sowie die ausgebrochenen entdarmten und geschnittenen Garnelen zugeben. Jungzwiebel und Selleriestange in 2 cm große Stücke schneiden und mit dem übrigen Gemüse und Currypulver unter ständigem Rühren hinzufügen. Mit Reisessig ablöschen und mit Kokosmilch und Gemüsefond aufgießen.

Mit Salz würzen und das Curry mit einer Mischung aus Honig, Stärkemehl und Reiswein leicht binden. Geschnittenes Basilikum und Koriandergrün untermengen.

Für den Reis die Butter zergehen lassen und die Gewürze darin anschwenken. Nun den Reis beigeben und ebenfalls kurz anglasen. Mit der doppelten Menge an Wasser aufgießen und dünsten.

Das Garnelencurry wie auf dem Foto in einer Kokosnuss anrichten und den Jasminreis dazu servieren.

Asiatische Reispfanne

Für 4 Personen

2 Tassen Langkornreis
1/2 rote Paprikaschote
150 g Shiitake-Pilze
2 Hände voll Chinakohl
(in dünne Streifen geschnitten)
1 Stange Lauch
1 mittelgroße Karotte
3 Frühlingszwiebeln
2 Hände voll Zuckererbsenschoten
2 EL Sojasauce
1 EL Honig
1/2 rote Chilischote
1 EL Sesamöl
1/8 l Gemüsesuppe
1 EL Koriandergrün, gehackt
Salz, Pfeffer
frischer Koriander (zum Garnieren)

Reis in Salzwasser gemäß Packungsanweisung garen. Vom Paprika das Kerngehäuse sowie den Stiel entfernen. Karotte schälen. Frühlingszwiebeln waschen, Wurzeln wegschneiden und lediglich den weißen Teil in feine Ringe schneiden. Lauch halbieren und waschen. Pilze säubern, Stiele wegschneiden. Zuckererbsenschoten putzen und in Rauten schneiden. Paprika, Lauch, Karotte und Pilze in dünne Streifen schneiden. Chilischote waschen, Samen entfernen und in feine Streifen schneiden.

Im Wok Sesamöl erhitzen und sämtliche Gemüsesorten darin anschwitzen. Angebratenes Gemüse mit Honig abschmecken und mit Sojasauce und Gemüsesuppe ablöschen. Bei geringer Hitze weich dünsten, mit Salz, Pfeffer und Chili würzen.

Gekochten Reis abseihen, gut abtropfen lassen und zum Gemüse hinzufügen. Alles sorgfältig vermischen und erwärmen. Zum Schluss den gehackten Koriander einrühren. Den Gemüsereis portionsweise auf Tellern anrichten und mit Koriandergrün garnieren.

Karotten-Mandarinen-Chutney

500 g Mandarinenfilets
500 g Karotten, geschält
500 g Karottenwürfel
250 ml Apfelessig
500 g Gelierzucker 1:3
1 TL Meersalz
250 ml Portwein, weiß
2 EL Currypulver
2 Zitronen (Saft und Abrieb)
1 Chilischote, entkernt und fein gehackt

Mandarinenfilets mit den geschälten und zerkleinerten Karotten sowie mit Gelierzucker, Portwein, Zitronensaft und Zitronenzeste in einem Topf aufstellen und mit den Gewürzen **ca. 30 Minuten leicht köcheln lassen.** Nach 2/3 der Kochzeit den Essig beigeben. In der Zwischenzeit die Karottenwürfel (ca. 5 mm x 5 mm) bissfest kochen und zur Seite stellen.

Die Karotten-Mandarinenmasse fein pürieren und durch ein Haarsieb passieren. Die Karottenwürfel dazugeben und abschmecken. Noch heiß in Einmachgläser füllen und vor dem ersten Gebrauch einige Tage stehen lassen.

Apfel-Zwetschken-Chutney

500 g grüne Äpfel
1,5 kg Zwetschken
3 Knoblauchzehen
100 g Rosinen
500 ml Apfelessig
300 g Gelierzucker
1 TL Ingwer, gemahlen
1 Msp. Zimt
Chilischote, klein gehackt
Salz, Pfeffer

Alle Zutaten klein schneiden und mit Apfelessig sowie mit den Gewürzen in einem großen Topf zum Kochen bringen. **Mindestens 1/2 Stunde köcheln lassen.** Apfel-Zwetschken-Chutney gut durchrühren und in vorbereitete Gläser füllen, sofort verschließen und auf den Deckel stellen.

Tipp: Zimt und Ingwer lassen sich – je nach Geschmack – durch andere Gewürze (z. B. Gewürznelkenpulver, Kardamom, Sternanis) ersetzen!

Orientalisches Gemüse mit gegrilltem Entrecote und Balsamico-Rotweinsauce

Für 2 Personen

2 Stk. Entrecote à 130 g
Salz, Pfeffer (aus der Mühle)
1/2 TL Dijon-Senf
1/16 l Rotwein
1/16 l Portwein
2 EL Balsamico
1/16 l kräftige Rindsuppe
10 g Butter (zum Montieren)

30 g roter Paprika
30 g Erbsenschoten
30 g Staudensellerie
30 g grüner Spargel
10 g Radieschen oder Sojasprossen
20 g Reisteig (oder fertiger Strudelteig)
1/2 TL Sojasauce
1 TL div. Nüsse (Cashew-, Erd-, Macadamia-Nüsse)
1/2 TL Rosinen
Chili
Salz, Pfeffer (aus der Mühle)
Olivenöl

Entrecote mit Salz, Pfeffer und etwas Dijon-Senf würzen und in Olivenöl langsam anbraten. Fleisch aus der Pfanne nehmen und in Alufolie einwickeln – rasten lassen.

Inzwischen den Bratensatz mit Rotwein, Portwein und Balsamico ablöschen und mit etwas Rindsuppe aufgießen. Einkochen lassen, mit Salz und Pfeffer würzen und mit Butter montieren.

Inzwischen Paprika, Staudensellerie und grünen Spargel (nur die Enden) schälen, Erbsenschoten putzen. Gemüse in kleine Stäbchen schneiden. Den Reis- oder Strudelteig in 4 mm breite Nudeln schneiden und bei ca. 160 °C knusprig frittieren und auf einem Küchenpapier abtropfen lassen.

Im Wok etwas Olivenöl erhitzen, Paprika, Erbsenschoten, Staudensellerie und Spargelstäbchen einlegen, würzen und ca. 1 1/2 Minuten heiß anrösten. Dabei ständig schwenken. Vom Herd nehmen, Sprossen sowie Nüsse und Rosinen zugeben, mit 1 TL Sojasauce ablöschen und danach mit knusprigen Reis- oder Strudelteig-Nudeln vermischen. Das gebratene Gemüse mit den Gewürzen abschmecken und locker auf einem Teller verteilen. Mit dem gegrillten Entrecote sowie der Balsamico-Rotweinsauce anrichten.

hauptspeisen

Gekräuterte Rinderroulade mit Gemüseparpadelle

Für 4 Personen

500 g Rinderfilet (Mittelstück)
1 EL Dijon-Senf
ca. 3–4 EL Petersilie, Schnittlauch, Rosmarin, Thymian, Salbei, Oregano
Olivenöl
10 cl Portwein
10 cl Rotwein
1/8 l Rindsuppe
1 EL Zucker
Salz, Pfeffer
Stärkemehl (zum Binden)

2 Zucchini
1 große Karotte, geschält
1 Pastinake, geschält
250 g Pappardelle (breite Bandnudeln)
30 g Butter
20 g Parmesan, frisch gerieben
Salz, Pfeffer

Für die Roulade das Rinderfilet längs aufschneiden, flach klopfen, gleichmäßig mit Senf bestreichen und mit fein gehackten Kräutern bestreuen. Filet zu einer Roulade rollen und mit Küchengarn zusammenbinden. Mit Salz und Pfeffer würzen. In einer Pfanne Olivenöl erhitzen und die Roulade darin von allen Seiten braun anbraten. Roulade aus der Pfanne nehmen, Zucker beigeben, karamellisieren und den Bratensatz mit Portwein und Rotwein ablöschen. Mit Rindsuppe aufgießen und etwas einkochen lassen. Das Fleisch wieder zugeben und im vorgeheizten Ofen bei 150 °C rosa garen.
Bratzeit: ca. 20 Minuten.

Anschließend die Roulade aus der Sauce nehmen und mit angerührtem Stärkemehl binden (hierfür etwas Stärke- oder Bio-Dinkel-Vollkornmehl mit 1 EL Wasser glatt rühren).

Zucchini, Karotte und Pastinake mit einem Sparschäler in dünne Streifen schälen. Die Bandnudeln in kochendem Salzwasser bissfest garen, abseihen und abtropfen lassen. Die Gemüsestreifen in Olivenöl leicht anbraten, Nudeln zugeben und mit dem Gemüse mischen. Butter und Parmesan hinzufügen und mit Salz und Pfeffer würzen.
Nun das Küchengarn von der Rinderfiletroulade entfernen und das Fleisch in ca. 3 cm breite Stücke schneiden. Mit der Sauce und den Gemüse-Pappardelle servieren.

Foto Seite 72

Mit Lardo und Blattspinat gefüllter Milchkalbsrücken auf gebratenen Avocados

Für 4 Personen

1 kg Milchkalbsrücken
100 g Lardo-Speck, dünn geschnitten
150–200 g Blattspinat
500 ml Kalbsfond
2 Avocados, geschält und in längliche Stücke geschnitten
10 Kirschtomaten
Olivenöl
1 Kopf Radicchio
Salz, Pfeffer
etwas Zitronensaft

Den Milchkalbsrücken der Länge nach zwei Mal einschneiden, mit Lardo und rohem Blattspinat füllen. Nun das Fleisch mit Küchengarn zusammenbinden. Mit Salz und Pfeffer würzen und auf beiden Seiten in Olivenöl anbraten. Im vorgeheizten Rohr bei 180 °C garen. **Bratzeit: ca. 10–15 Minuten.** Dabei gelegentlich wenden.

Das Fleisch aus dem Rohr nehmen und warm stellen. Die Pfanne mit dem Kalbsfond ablöschen und ein wenig einkochen lassen. Bratensatz vom Pfannenboden lösen und durch ein feines Sieb passieren.

Avocados schälen und in grobe Stücke schneiden; Tomaten vierteln. Radicchio waschen und in einzelne Blätter teilen. Geviertelte Tomaten in einer Pfanne in Olivenöl anbraten. Avocadostücke zugeben. Mit Salz, Pfeffer und Zitronensaft würzen. Radicchio noch kurz unterschwenken und auf Tellern anrichten. Den aufgeschnittenen Kalbsrücken daraufsetzen und mit der Sauce umkränzen.

Steirischer Wurzelrostbraten mit Kren und Vollkornspätzle

Für 2 Personen

220 g Beiried
40 g gelbe Rüben
30 g Karotten
40 g Pastinaken
20 g Lauch
1 TL Tomatenmark
1/16 l Rotwein
1/16 l Rindsuppe
Salz, Pfeffer
Thymian
Senf
Lorbeer
Kren (Meerrettich)

Vollkornspätzle:
2 Eier
100 g Weizenvollkornmehl
Salz und Pfeffer
Muskat

Beiried halbieren (je 110 g) und leicht klopfen. Mit Salz, Pfeffer und Senf würzen und in Öl anbraten. Aus der Pfanne nehmen und mit fein geschnittenem Lauch anrösten. Tomatisieren und mit Rotwein ablöschen.

Mit Rindsuppe aufgießen und mit dem in Streifen geschnittenen Wurzelgemüse kurz durchkochen. Rostbraten einlegen und kurz dünsten lassen (ca. 3 Minuten).

Für die Spätzle Eier und Weizenvollkornmehl, Salz und Muskat zu einem glatten Teig verrühren und in Salzwasser Spätzle bereiten. Mit kaltem Wasser abschrecken.

Beiried auf einem Teller anrichten, Wurzelgemüse oben daraufgeben und mit viel frisch geriebenem Kren sowie den in Butter geschwenkten Spätzle vollenden.

Kalbsfilet in der Pfefferkruste

Für 4 Personen

1 Kalbsfilet, ca. 600 g, entsehnt
Olivenöl (zum Braten)
je 1 Zweig Thymian und Rosmarin
1 Knoblauchzehe

Für die Pfefferkruste:
100 g weiche Butter
100 g Weißbrotbrösel
1 EL bunte Pfefferkörner, geschrotet
Salz
Thymianblätter

Für den Kohl:
800 g Kohl
1 Schalotte
Butter (zum Anschwitzen)
1 TL Mehl
1/8 l Obers (Sahne)
150 g Speck
1 Tomate, würfelig geschnitten
Schnittlauch
2 EL geschlagenes Obers (Sahne)
Muskat
Salz, Pfeffer (aus der Mühle)

Backofen auf 140–150 °C vorheizen. Das Kalbsfilet mit Salz und Pfeffer würzen und mit Olivenöl von allen Seiten gut anbraten. Thymian- und Rosmarinzweig sowie die zerdrückte Knoblauchzehe zugeben. **Im Backrohr ca. 20 Minuten garen.**

Für die Pfefferkruste 100 g Butter mit einer Prise Salz schaumig rühren. Mit Thymian und Pfeffer würzen. Nun die Weißbrotbrösel hinzufügen und mit Salz abschmecken. Die Masse in einen Gefrierbeutel geben, mit einem Nudelholz 2 Millimeter dick ausrollen und **ca. 10 Minuten kalt stellen**. Kurz vor dem Servieren die Kruste in der Größe des Fleisches zurechtschneiden und auf das Fleisch legen. Im Salamander (oder im Backofengrill) ca. 3 Minuten goldbraun backen.

Den Kohl in feine Streifen schneiden und in kochendem Salzwasser ganz kurz blanchieren, abschrecken und ausdrücken. Die Schalotte fein schneiden und in Butter anschwitzen. Mehl zugeben und anschließend mit Obers auffüllen. Mit Salz, Pfeffer, Muskat und Knoblauch würzen.

Den Speck in feine Streifen schneiden, in einer Pfanne knusprig braten und danach auf einem Küchenpapier abtropfen lassen. Nun die Tomatenwürfel, den Schnittlauch sowie das geschlagene Obers unter den Kohl heben. Den Kohl auf einem Teller anrichten, das überkrustete Kalbsfilet aufschneiden und mit dem knusprigen Speck dekorativ anrichten.

Kalbsrückenfilet mit Käsepudding in Petersiliensauce

Für 2 Personen

260 g Kalbsrücken
Salz, weißer Pfeffer
15 g Butter
1/8 l Gemüsefond
80 g Kartoffeln
1 Bund Petersilie
1/16 l Obers (Sahne)
Thymian, Rosmarin
1 Knoblauchzehe

Käsepudding:
1/16 l Obers (Sahne)
50 g Dinkelmehl
15 g Stärkemehl
30 g Rotschmierkäse (St. Severin)
1 Dotter (Eigelb)
1 Eiweiß
Muskat
Salz, Pfeffer

Butter und Semmelbrösel
(für die Dariolformen)

Den Kalbsrücken in je 130 g Stücke teilen, würzen und in heißem Öl rasch anbraten. Thymian, Rosmarin und eine zerdrückte Knoblauchzehe in die Pfanne geben und im Backrohr bei 170 °C garen (bis das Fleisch schön hellrosa ist). **Bratzeit: ca. 6–8 Minuten.** Fleisch aus der Pfanne nehmen und warm stellen.

Die Butter zum Bratensatz geben, mit dem Gemüsefond aufgießen und die geschälten, in Würfel geschnittenen Kartoffeln dazugeben, weich kochen und mit Obers und Petersilie im Mixer fein pürieren; danach passieren.

Für den Käsepudding Dotter mit Obers und den Gewürzen gut verrühren. Dinkel- und Stärkemehl mit dem passierten Käse zur Obers-Dottermischung geben und zum Schluss das schmierig aufgeschlagene Eiweiß unterheben. In gebutterte und mit Bröseln ausgekleideten Dariolformen 3/4 hoch einfüllen und im Wasserbad **25 Minuten pochieren**. Danach stürzen und mit glacierten Karottenstäbchen oder Brokkoligemüse anrichten.

2002

Steirisches Kartoffelkraut mit Spanferkelkotelett

Für 4 Personen

8 Stk. Spanferkelkoteletts, entsehnt
1 Knoblauchzehe
Salz, Pfeffer (aus der Mühle)
Majoran
1 TL Zucker
1/16 l dunkles Bier
1/16 l Rindsuppe
Butter (zum Montieren)

Kartoffelkraut:
1/2 kleiner Krautkopf (ca. 500 g)
50 g Butter
1 Zwiebel
1 TL Kristallzucker
2 Knoblauchzehen
150 g Kartoffelwürfel
1/16 l Weißwein
1/8 l Obers (Sahne)
Salz, Pfeffer (aus der Mühle)
Kümmel, ganz

Beim halbierten Kraut den Strunk entfernen und in grobe Würfel schneiden. Zwiebel fein würfelig schneiden und in etwas Butter anschwitzen. Danach Zucker beigeben und zergehen lassen. Das geschnittene Kraut hinzufügen und gut durchbraten. Mit Weißwein ablöschen und mit Obers aufgießen. Die Kartoffelwürfel beigeben und gut durchkochen lassen. Mit Salz, Pfeffer, Kümmel und dem geschnittenen Knoblauch würzen. Eventuell mit Stärkemehl leicht binden.

Inzwischen die Spanferkelkoteletts mit Salz und Pfeffer würzen. In einer Pfanne beidseitig anbraten und den angedrückten Knoblauch und Majoran beigeben. Im Backrohr bei 140–160 °C langsam garen. **Bratzeit: ca. 8–12 Minuten**. Die Koteletts warm stellen, Zucker beigeben und mit dunklem Bier aufgießen. Einreduzieren lassen und mit etwas Rindsuppe aufgießen. Mit kalter Butter montieren.

Das Kraut auf einem Teller mittig anrichten und je zwei Koteletts daraufgeben. Mit dem Biersaft umkränzen.

Lamm mit Müsli gebraten und Estragon

Für 2 Personen

4 Stk. Lamm-Medaillons à ca. 50 g
1 EL Mehl
1 Ei
60 g Müsli (Cornflakes, Haferflocken, Sonnenblumenkerne, Pinienkerne)
160 g grüne breite Bohnen
Butter (zum Schmoren)

Estragonsauce:
1/16 l Hühnerfond
70 g Butter
1 Dotter (Eigelb)
1 TL Dijon-Senf
1 kleiner Bund Estragon
Salz, Pfeffer, Knoblauch
getrocknete Cherrytomaten (fertige Anti Pasti)

Für die Estragonsauce Butter klären, abseihen und beiseite stellen. Inzwischen Geflügelfond um die Hälfte reduzieren, in einen Schneekessel geben und mit Dotter, Senf, Salz und Pfeffer über Dunst schlagen, bis eine schaumige Masse entsteht. Nun die flüssige, noch warme Butter in die Grundmasse einschlagen. Vom Herd nehmen und mit dem fein gehackten Estragon würzen.

Cornflakes, Haferflocken, Sonnenblumen- und Pinienkerne hacken. Fleischstücke salzen und pfeffern und auf jeder Seite in Mehl wenden, anschließend in verschlagenes Ei und zum Schluss in die Müsli-Mischung tauchen. In einer Pfanne etwas Öl erhitzen und die Lamm-Medaillons darin saftig braten. Die Medaillons sollten innen noch rosa sein.

Grüne Bohnen putzen, in feine Streifen schneiden und in Salzwasser kurz überkochen. Butter erhitzen und die Bohnen weich schmoren. Mit Salz, Pfeffer und Knoblauch würzen.

Bohnen und Lammfleisch auf einem Teller anrichten, mit Estragonsauce umkränzen und mit getrockneten Cherrytomaten vollenden.

Saltimbocca vom Kürbis mit gegrillten Schweinsmedaillons

Für 2 Personen

200 g Schweinsfilet
120 g Kürbis (Langer von Neapel)
6 Blatt Salbei
6 Scheiben Rohschinken
(vorzugsweise Vulcano-Rohschinken)
Olivenöl
Paprikapulver
Salz, Pfeffer (aus der Mühle)
Oregano
Limonenabrieb
2 Knoblauchzehen
1 Zweig Thymian
2 EL Sojasauce
1/8 l Rotwein
1/16 l Rindsuppe

Butter (zum Montieren)

Den Kürbis in 6 gleichmäßige Stücke schneiden. Aus Olivenöl, Salz, Pfeffer, Oregano, Paprikapulver und Limonenabrieb eine Marinade herstellen und die Kürbisstücke darin **ca. 10–15 Minuten marinieren lassen.** Danach die Stücke mit je einem Salbeiblatt belegen und mit dem Rohschinken umwickeln.

Inzwischen vom Schweinsfilet 4 gleichmäßige Medaillons schneiden und mit Salz und Pfeffer würzen. Die Medaillons und den eingeschlagenen Kürbis in Olivenöl beidseitig anbraten, die zerdrückten Knoblauchzehen sowie 1 Zweig Thymian beigeben und im Backrohr bei 160 °C braten. **Bratzeit ca. 6–7 Minuten.**

Danach die Medaillons und den knackig gebratenen Kürbis warm stellen. Den Bratensatz mit Rotwein ablöschen und einreduzieren. Mit Sojasauce und etwas Rindsuppe aufgießen, durchkochen, abschmecken und passieren. Mit kalter Butter binden.

Kürbis-Saltimbocca auf einem Teller mit den Medaillons gefällig anrichten und mit der Sauce umkränzen.

Wacholderrahmschnitzel vom Hirsch mit Eierspätzle

Für 4 Personen

8 Stk. Hirschschnitzel von der Nuss à 60–70 g (nicht zu dünn geschnitten)
5 g Zartbitterschokolade
1/2 EL Tomatenmark
6 EL brauner Wildfond (oder Suppenbrühe)
Wacholderkörner, geschrotet
1 Stk. Gewürznelke
1 Stk. Sternanis
1 kleines Stück Zimtrinde
5–6 Wacholderbeeren, zerdrückt
Portwein, weiß (zum Ablöschen)
1 TL Preiselbeeren
1/16 l flüssiges Obers (Sahne)
1 EL geschlagenes Obers (Sahne)
Salz, Pfeffer (aus der Mühle)
Walnussöl (zum Braten)

Für die Spätzle:
100 g Mehl (griffig)
100 g Mehl (glatt)
3 Eier
Muskat
Salz

Die portionierten Hirschschnitzel mit Salz, Pfeffer und Wacholder würzen und in Walnussöl anbraten. Aus der Pfanne nehmen und nun das Wurzelwerk darin anbraten. Tomatenmark beigeben und nochmals kurz – unter ständigem Rühren – rösten. Nun die Schokolade hinzufügen und mit weißem Portwein ablöschen. Mit braunem Wildfond (oder Knochensuppe) aufgießen und aufkochen lassen. Die Gewürze, das Obers sowie die Preiselbeeren und die Schnitzel beigeben und langsam garen.

Inzwischen die Spätzle bereiten indem man alle Zutaten zu einem glatten Teig verarbeitet. Danach den Teig in reichlich Salzwasser mit einem Spätzlehobel einkochen.

Die Schnitzel aus der Sauce nehmen und die Sauce durch ein feines Sieb passieren. Mit etwas Stärkemehl leicht binden. Nun die Schnitzel wieder in der Sauce erwärmen.

Die Schnitzel auf einem Teller mit den angeschwenkten Spätzle anrichten und die Sauce mit dem geschlagenen Obers darauf nappieren.

Hühnerbrust mit Pesto, Parmesan und Prosciutto

Für 4 Personen

4 Stk. Hühnerbrüste à 120 g (ohne Haut)
8 Scheiben Prosciutto
(oder Vulcano-Rohschinken)
100 g Parmesan, gerieben
2 EL Basilikumpesto (aus dem
Feinkostladen)
Olivenöl (zum Braten)
Salz, Pfeffer
1 Rosmarinzweig
1/8 l roter Portwein
1/16 l brauner Hühnerfond

Butter (zum Montieren)

Mascarpone-Polenta:
120 g Polenta
0,4 l Milch
2 EL Mascarpone
Salz, Pfeffer
Muskat

In die Hühnerbrüste der Länge nach Laschen einschneiden und aufklappen. Mit Salz, Pfeffer und Rosmarin würzen. Das Pesto mit einem Pinsel (oder Löffel) hineinstreichen und den geriebenen Parmesan daraufstreuen. Zusammenrollen und mit dem fein geschnittenen Prosciutto umwickeln. Eventuell mit einem Küchengarn zusammenbinden. In einer Pfanne Olivenöl erhitzen und die Hühnerbrüste einlegen und rundum anbraten. Rosmarinzweig beigeben und im vorgeheizten Backofen bei 150 °C garen. **Bratzeit: ca. 12–15 Minuten.**

Inzwischen die Polenta bereiten indem man die Milch erwärmt und die Polenta einkocht. Langsam auf niedriger Stufe **ca. 20 Minuten garen**. Zum Schluss Mascarpone einrühren. Mit Salz, Pfeffer und Muskat würzen. Nötigenfalls mit etwas Milch ergänzen. Die Polenta sollte eine sehr cremige Konsistenz aufweisen.

Hühnerbrüste aus der Pfanne nehmen und warm stellen. Mit rotem Portwein ablöschen, danach mit braunem Hühnerfond aufgießen. Einkochen lassen und durch ein feines Sieb passieren. Die Sauce mit Butter montieren.

Hühnerbrust aufschneiden, auf Mascarpone-Polenta anrichten und mit der Sauce umkränzen.

Hühnerbrust mit gefüllten Tomaten

Für 4 Personen

4 Hühnerbrüste
80 g geräucherter Schinkenspeck
40 g Lauch
frische Rosmarinzweige
6 Stk. Fleischtomaten
200 g junger Spinat, gewaschen
80 g Zwiebeln
2 cl Olivenöl
2 Knoblauchzehen
10 schwarze Oliven, entkernt
100 g Mozzarella
40 g Weißbrotbrösel
etwas Olivenöl
3 EL Obers (Sahne)
Salz und Pfeffer

Die Hühnerbrüste der Länge nach einschneiden. Lauch in feine Streifen schneiden und mit Obers zu einer cremigen Konsistenz kochen. Das Fleisch salzen, pfeffern und mit etwas Rosmarin aromatisieren. Erkalten lassen. Nun die Masse in die Hühnerbrüste füllen und mit langen Speckscheiben umwickeln. Eventuell mit einem Küchengarn fixieren.

Inzwischen 4 schöne Tomaten aushöhlen. Von den restlichen 2 Tomaten die Haut abziehen, entkernen und in kleine Würfel schneiden.

Zwiebeln und Knoblauch schneiden und in Olivenöl anschwitzen. Oliven und Spinat kurz mitrösten und von der Flamme ziehen. Mozzarella würfelig schneiden und gemeinsam mit den Tomaten beigeben. Mit Salz und Pfeffer würzen. Die ausgehöhlten Tomaten mit der Masse füllen und mit Weißbrotbröseln und gehackter Petersilie bestreuen. Tomaten mit etwas Olivenöl beträufeln und im vorgeheizten Rohr bei 160 °C backen. **Bratzeit: ca. 12 Minuten.**

Inzwischen die Hühnerbrüste in der Pfanne garen und gemeinsam mit den gefüllten Tomaten auf Tellern anrichten.

Saltimbocca vom Zander auf Gemüsenudeln mit Pesto

Für 2 Personen

200 g Zanderfilet
4 Scheiben Rohschinken
(vorzugsweise Vulcano-Rohschinken)
Butter (zum Braten)
etwas Mehl
50 g feine Weizennudeln
(z. B. Linguini oder Tagliolini)
50 g feine Gemüsestreifen
(Zucchini, Karotten, Sellerie, gelbe Rüben)
2 EL Obers (Sahne)
Salz und Pfeffer
Haselnussöl (zum Abschmecken)

Pesto:
2 cl Olivenöl
1 EL Parmesan
1 Bund Basilikum
5 g Pinienkerne
Salz, Pfeffer (aus der Mühle)
1 Knoblauchzehe

Die Zanderstücke leicht plattieren, in den Rohschinken (dünn geschnitten!) einschlagen und zum Braten bereitstellen. Das Gemüse in lange, feine Streifen schneiden, Zucchini am besten mit dem Zestenreißer schneiden. Gemüsestreifen kurz blanchieren und abtropfen lassen. Nudeln al dente kochen und abtropfen lassen.

Für das Pesto alle Zutaten in einem Cutter (z. B. in der Moulinette) zu einer cremigen Paste vermischen und gut abschmecken. Nicht zu stark mit Knoblauch würzen!

Den Fisch kurz durch das Mehl ziehen und rasch beidseitig knusprig braten. Die Nudeln zusammen mit den Gemüsestreifen in einer Pfanne durchschwenken, mit Obers vermischen und mit Haselnussöl abschmecken.

Die Nudeln auf vorgewärmte Teller setzen, mit den Fischfilets belegen und das Pesto gefällig dazu anrichten.

TiPP

Anstelle des Zanders können auch all jene Fischsorten verwendet werden, die sich gut braten lassen.

Mit Kren-Hollandaise überbackenes geräuchertes Forellenfilet auf Rahmblattspinat

Für 4 Personen

4 Stk. geräucherte Forellenfilets
250 g frischer Mini-Blattspinat
20 g Butter
50 g Zwiebeln
1 TL Mehl
1/16 l Obers (Sahne)
Salz, Pfeffer (aus der Mühle)
Muskatnuss

Kren-Hollandaise:
125 g Butter
1 Dotter (Eigelb)
1/16 l Weißweinreduktion (1/8 l Weißwein mit 1 Petersilienstängel, Pfefferkörnern, 20 g Zwiebel und 1 angedrückten Knoblauchzehe auf die Hälfte einreduzieren)
1 TL Kren (Meerrettich) (aus der Dose)
Salz, Pfeffer
Zitronensaft

Cherrytomaten:
20 g Butter
100 g Cherrytomaten
1 EL Gin
frischer Dill

Die Räucherforelle portionieren und beiseite stellen. Inzwischen für die Hollandaise die Butter klären. Dotter in einen Schneekessel geben und mit der Reduktion warm cremig schlagen. Danach die geklärte Butter langsam einrühren. Mit Salz und Pfeffer würzen, zum Schluss den Kren hinzufügen.

Für den Blattspinat die Butter zergehen lassen und die fein gehackte Zwiebel ohne Farbe anrösten. Mit Mehl stauben und mit Obers aufgießen. 1/3 vom gewaschenen Spinat einrühren und gut durchkochen. Das Ganze mixen und danach den Rest von den Mini-Spinatblättern beigeben und mit Salz, Pfeffer und Muskat würzen.

Für die Cherrytomaten Butter in einer Pfanne zergehen lassen, die geviertelten Tomaten beigeben und kurz durchschwenken. Danach Gin sowie Dill beigeben und mit Salz und Pfeffer würzen.

Die Räucherforelle mit der Kren-Hollandaise im Salamander (Gratinierofen) oder in einem Backofengrill überflämmen, auf dem Blattspinat anrichten, mit Tomaten umkränzen und mit Kresse bestreuen.

TiPP

Eilige Köche können auch auf eine fertige Hollandaise (aus dem Feinkostladen) zurückgreifen. Dieses Gericht kann auch mit Balsamico-Lack (1:1 Balsamico : Zucker um die Hälfte einkochen lassen und kalt stellen) ergänzt werden.

Parmesanpolenta mit gegrilltem Zanderfilet und Trüffelpesto

Für 4 Personen

4 Stk. Zanderfilet à 100 g
Zitrussalz
Koriander (aus der Mühle)
2 EL Vollkornschrotmehl

Parmesanpolenta:
1/2 l Milch oder Gemüsefond
45 g Butter
Salz
Muskatnuss, gerieben
120 g Polenta
2 EL Crème fraîche
Parmesan, frisch gerieben

Trüffel-Pesto:
1/16 l Olivenöl
1–2 EL Parmesan
1 Schuss Trüffelöl
Meersalz
frische Sommertrüffel
(ersatzweise Trüffel aus der Dose)

Milch, Butter, Salz und geriebene Muskatnuss aufkochen. Die Polenta in die kochende Milch einrühren und auf kleiner Flamme **ca. 15–20 Minuten simmern lassen**. Zum Schluss die Crème fraîche und den frisch geriebenen Parmesan darunterrühren. Die Polenta sollte eine cremige Konsistenz erhalten. Inzwischen die Zanderfilets mit Zitrussalz und Koriander würzen und in Vollkornschrotmehl (nur auf der Hautseite!) mehlieren. Langsam auf der Hautseite in einer beschichteten Pfanne knusprig braten.

Für das Trüffel-Pesto sämtliche Zutaten in einen Mörser (oder Mixer) geben und fein zu einer cremigen Konsistenz malen (oder mixen).

Die cremige Polenta auf einem Teller anrichten und den knusprigen Zander darauf platzieren. Mit Trüffel-Pesto umkränzen.

TiPP

Für die Herstellung des Zitrussalzes benötigt man den Abrieb von je einer ungehandelten Zitrone und Orange. Dieser Abrieb wird getrocknet und dem Salz beigemengt. Zitrussalz lässt sich ebenso wie das Trüffel-Pesto auf Vorrat vorbereiten.

Überbackene Champignons mit Rucolasalat

Für 4 Personen

600 g Champignons
100 g Schalotten
2 Knoblauchzehen
6 EL Olivenöl
Salz, Pfeffer (aus der Mühle)
Thymian, Rosmarin, gehackt

Béchamel-Sauce:
250 ml Milch
2 EL Butter
1 EL Reibkäse
3 Dotter (Eigelb)
Salz, Pfeffer (aus der Mühle)

150 g Rucola
4 EL Rotweinessig-Dressing
(siehe Seite 102)

Champignons putzen und in 1 cm dicke Scheiben schneiden. Schalotten und Knoblauch klein würfelig schneiden und in Olivenöl anrösten. Champignons beigeben. Mit Salz, Pfeffer sowie den Kräutern würzen.

Inzwischen aus den Zutaten eine Béchamel-Sauce bereiten und diese mit den Champignons verrühren. Zum Schluss die Dotter daruntergeben und das Ganze in kleine feuerfeste Porzellanförmchen füllen. Mit Reibkäse (oder Parmesan) bestreuen und im Backrohr bei 180 °C goldgelb backen.

Überbackene Champignons mit mariniertem Rucola belegen und sofort servieren.

Tipp: Dieses Gericht ist auch mit Steinpilzen oder Mischpilzen sehr empfehlenswert!

Ein Dankeschön an die gesamte Küchenmannschaft im Hotel „Der Steirerhof" für die Hilfe beim Foto-Shooting. Im Bild: Chefkoch Johann Pabst und Peter Kulmer.

Zucchinilaibchen mit getrüffelter Kartoffelschnitte und Pesto

Für 2 Personen

Zucchinilaibchen:
300 g Zucchini
80 g Mehl
110 g Grieß
1 Ei
Dille
Salz, Pfeffer (aus der Mühle)
Knoblauch

Kartoffelschnitte:
120 g Kartoffeln, in feine Scheiben geschnitten
3 EL Trüffelöl
Salz, Pfeffer (aus der Mühle)
evtl. frische Perigord-Trüffel
Semmelbrösel (für die Terrinenform)

Pesto:
1 Knoblauchzehe
5 EL Olivenöl
30 g Parmesan
20 g Pinienkerne
15 g Basilikum
Salz, Pfeffer

Zucchinilaibchen: Zucchini fein reiben, leicht salzen und ein paar Minuten stehen lassen und gut ausdrücken. Dille waschen und fein hacken. Zucchini, Dille, Mehl, Ei, Grieß, Salz, Pfeffer und Knoblauch gut verrühren. **Ca. 15 Minuten stehen lassen** und danach aus dieser Masse Laibchen formen, in Bröseln wenden und in heißem Öl auf beiden Seiten goldbraun backen. Aus dem Fett heben und mit Küchenkrepp trocken tupfen.

Kartoffelschnitte: Eine Terrinenform mit Olivenöl ausölen und mit Bröseln auskleiden. Die fein geschnittenen Kartoffeln schichtweise abwechselnd mit Trüffelöl (wenn vorhanden mit gehobelter frischer Trüffel) Salz und Pfeffer einfüllen.
Danach im Backrohr bei 160 °C backen. **Bratzeit: ca. 30 Minuten.** Ein paar Minuten rasten lassen und aus der Form stürzen. Mit Trüffelöl noch einmal bepinseln.

Pesto: Alle Zutaten im Mixer zu einer cremigen Konsistenz pürieren und würzen.

Die gebratenen Zucchinilaibchen mit der Kartoffelschnitte auf einem Teller anrichten, eventuell mit einer Buttermilchsauce ergänzen und mit lauwarmem Pesto beträufeln.

Zwiebeltarte mit Steinpilzen, Eierschwammerln und Kräutersalat

Für 4 Personen

1 Pkg. Blätterteig
200 g geschnittene Zwiebeln (zum Belegen)
1–2 EL Crème fraîche
Meersalz, Pfeffer (aus der Mühle)

Olivenöl (zum Beträufeln)
4 Scheiben Vulcano-Rohschinken (oder Prosciutto)
marinierte Wiesenkräuter (Borretsch, junge Spinatblätter, Löwenzahn, Kapuzinerblüten)
Olivenöl (zum Marinieren)
Apfelbalsamico

Für die Pilze:
4 mittelgroße Steinpilze
200 g Eierschwammerl (Pfifferlinge)
Butter (zum Braten)
2 Thymianzweige
Meersalz
Pfeffer (aus der Mühle)

Zwiebeltarte: Die geschnittenen Zwiebeln in Olivenöl (ohne Farbe) anglasen, leicht überkühlen und mit Crème fraîche verrühren. Blätterteig ausrollen und mit einem Ausstecher (8 cm Durchmesser) ausstechen. Die Zwiebelmasse daraufgeben. Danach mit Meersalz und weißem Pfeffer würzen und im Rohr bei 180 °C knusprig backen.

Pilze: Die Pilze sorgfältig säubern, aufschneiden und langsam in der Butter braten, mit Thymian aromatisieren und abschmecken.

Die Tarte auf großen Tellern anrichten, mit den Steinpilzen belegen und mit Schwammerln umkränzen. Mit marinierten Wiesenkräutern und Kapuzinerblüten dekorieren und dünne Scheiben vom Vulcano-Schinken an die Tarte setzen.

Pikante Apfelnockerl mit Balsamicokraut

Für 4 Personen

250 g Kartoffeln
80 g Mehl (griffig)
2 Dotter (Eigelb)
10 g Grieß
1 Apfel (Golden Delicious)
40 g getrocknete Bio-Apfelwürfel
etwas Parmesan
Salz, Pfeffer (aus der Mühle)
Muskatnuss

Balsamicokraut:
1/4 Weißkraut, fein geschnitten
Walnussöl (zum Braten)
Kristallsalz, Pfeffer, Muskat
1/2 EL Zucker
Balsamico-Essig

Butter
1 Knoblauchzehe
Thymian

Kartoffeln kochen und passieren.

Apfel schälen und in kleine Würfel schneiden. In einer heißen Teflonpfanne scharf anbraten, bis die Würfel am Punkt sind.

Inzwischen den Kartoffelteig bereiten, indem man die passierten Kartoffeln auf eine Platte gibt und eine Grube macht. Das Mehl auf die Kartoffeln daraufstreuen, Dotter in die Grube geben. Grieß sowie Parmesan, Gewürze, Apfelwürfel sowie die klein gehackten, getrockneten Apfelwürfel beigeben und das Ganze rasch zu einem Teig verarbeiten. Fingerdicke Stränge rollen und mit der Teigkarte (oder einer Palette) kleine Stücke abschneiden.

Balsamicokraut: Das Weißkraut in Walnussöl anziehen, Salz, Pfeffer, Muskat und Zucker beigeben, mit Balsamico ablöschen und abschmecken.

Die Apfelnockerl kurz frittieren und in frischer Butter mit angedrücktem Knoblauch und Thymian fertig braten. Die Apfelnockerl auf dem Balsamicokraut anrichten.

TiPP

Portionierter Apfelnockerl-Teig eignet sich auch gut zum Einfrieren.

Käsesemmellaibchen mit eingemachtem Gemüse

Für 4 Personen

100 g Weißbrot, würfelig geschnitten
80 g Brie, würfelig geschnitten
70 g Sauerrahm (saure Sahne)
50 g Joghurt
1 Dotter (Eigelb)
Salz, Pfeffer
Kümmel, gemahlen

Für das Gemüse:
1/2 Zwiebel
20 g Butter
je 30 g Karotten, Kohlrabi, gelbe Rüben, Erbsenschoten
20 g Lauch
50 g Brokkoli
1/8 l Obers (Sahne)
evtl. Gemüsefond
Salz, Pfeffer (aus der Mühle)
Muskatnuss
Petersilie, Schnittlauch
Stärkemehl (zum Binden)
1 EL geschlagenes Obers (Sahne)

Sauerrahm, Joghurt, Dotter und Gewürze vermengen. Weißbrot mit den Käsewürfeln vermischen und beigeben. 10 Minuten stehen lassen und zu kleinen Laibchen formen. In Öl anbraten und für 2 Minuten ins vorgeheizte Rohr (220 °C) geben. Laibchen auf Küchenkrepp abtropfen lassen.

Für das eingemachte Gemüse die geschälten Karotten, Kohlrabi und gelben Rüben in kleine Würfel schneiden. Die Erbsenschoten und den geputzten Lauch in Streifen schneiden. Brokkoli in kleine Röschen teilen. Zwiebel in kleine Würfel schneiden und in Butter anbraten. Karotten, Kohlrabi und gelbe Rübenwürfel beigeben und anschwitzen. Mit Obers aufgießen; Brokkoli und Erbsenschoten beigeben. Zugedeckt langsam weich kochen.

Zum Schluss den Lauch hinzufügen und mit den Kräutern und Gewürzen abschmecken. Mit etwas Stärkemehl leicht binden. Das geschlagene Obers unterheben und in einem tiefen Teller mit den Käse-Semmellaibchen gefällig anrichten.

Gemüserösti mit Spiegelei und mariniertem Rucola

Für 2 Personen

300 g Kartoffeln
200 g Gemüsebrunoise (Sellerie, Karotten, Kohlrabi, gelbe Rüben und Zucchini)
1/2 Zwiebel
1 EL Olivenöl
1 Ei
1 Knoblauchzehe
Salz, Pfeffer (aus der Mühle)
je 1 Zweig Thymian und Rosmarin
Majoran
2 Eier (für Spiegeleier)
25 g Rucola

Die Kartoffeln in der Schale halbfest kochen und auskühlen lassen. Danach schälen und mit einer Röstiraspel reiben. Inzwischen das Gemüsebrunoise in Olivenöl mit den geschnittenen Zwiebeln langsam anbraten (ohne Farbe) und auskühlen lassen. Die abgerebelten, gehackten Kräuter mit den Kartoffeln beigeben. Das Ei daruntergeben, mit Salz, Pfeffer und Knoblauch herzhaft würzen. Anschließend kleine Rösti formen und in einer beschichteten Pfanne beidseitig **ca. 5–8 Minuten bei kleiner Hitze braten**. Auf einem Teller mit dem Spiegelei und dem marinierten Rucola gefällig anrichten. Dazu kann auch eine leichte Knoblauchsauce gereicht werden.

Salat-Dressing

Für die Reduktion:
30 g Zwiebel
1 Knoblauchzehe
100 g Rotwein
Rosmarin, italienische Kräuter, Majoran
1/2 EL Ketchup
1 TL Senf
Salz, Kräutersalz, Pfeffer
1/2 EL Zucker
1/8 l Olivenöl
1/16 l Rotweinessig
1/8 l Rapsöl
1/16 l Balsamicoessig
Schuss Sherry

Zwiebel grob würfelig schneiden und mit Rotwein, angedrückter Knoblauchzehe und den Kräutern auf die Hälfte einkochen. Auskühlen lassen und mit Senf, Ketchup, Zucker, Salz und Pfeffer gut verrühren. Danach Essig und Öl langsam einrühren, damit das Dressing gut bindet.

TIPP

Dieses Dressing eignet sich gut zum Vorbereiten und kann im Kühlschrank (in einem geschlossenen Gefäß) mehrere Tage aufbewahrt werden.

Gebackene Käsknödel auf Rahmsauerkraut

Für 4 Personen

500 g Kartoffeln (mehlig)
3 Dotter (Eigelb)
1 Ei
ca. 250 g würzige Reibekäse
(Edeltaler, Tilsiter, Edamer)
1 EL Stärkemehl
Salz, Pfeffer, Muskatnuss
1/2 EL Schnittlauch
Mehl, Ei, Brösel (zum Panieren)
Öl (zum Backen)

Rahmsauerkraut:
20 g Butter
1/2 Zwiebel
1 EL Kristallzucker
500 g Sauerkraut
1 TL Zucker, Salz
2 Lorbeerblätter
5 Pfefferkörner
1 Knoblauchzehe
ca. 500 ml Rindsuppe
(oder Gemüsesuppe)
1 TL Beurre Manier
125 g Sauerrahm (saure Sahne)
100 g geschlagenes Obers (Sahne)

etwas braune Butter
Schnittlauch
Parmesan, gerieben

Kartoffeln mit der Schale kochen und schälen. Durch eine Erdäpfelpresse drücken und etwas auskühlen lassen. Dotter, Ei und den geriebenen Käse beigeben und zusammen mit dem Stärkemehl zu einer glatten Masse verarbeiten. Frisch geschnittenen Schnittlauch dazugeben und kleine Knödel formen. Knödel in Mehl, Ei und Bröseln panieren und in Öl goldbraun backen.

Für das Sauerkraut Butter in einem Topf aufschäumen, die fein gehackte Zwiebel darin anschwitzen und den Zucker beigeben. Sauerkraut kurz abspülen, abtropfen lassen und hinzufügen. Mit Salz, Pfeffer, Lorbeerblatt, Knoblauch und Pfefferkörnern würzen, mit Suppe auffüllen. Das Kraut langsam weich dünsten. Zum Schluss mit etwas Beurre Manier (gleicher Anteil Butter und Mehl verknetet) binden und mit Sauerrahm und Obers verfeinern.

Die gebackenen Käsknödel auf dem Rahmsauerkraut anrichten, mit brauner Butter übergießen und mit frischem Schnittlauch und geriebenem Parmesan bestreuen.

süßspeisen & desserts

Spargel Panna Cotta mit Himbeeren

Für 4 Personen

Himbeermark:
100 g Himbeeren
25 g Zucker oder Honig
1/2 Blatt Gelatine

Spargel Panna Cotta:
50 g weißer Spargel
1/2 Vanilleschote
175 g flüssiges Obers (Sahne)
175 g Milch
50 g Zucker
2,5–3 Blatt Gelatine

Für das Himbeermark die Beeren mit Zucker oder Honig aufkochen und mixen. Eingeweichte Gelatine im noch warmen Zustand beigeben und das Himbeermark in Dariolformen füllen.

Inzwischen den Spargel schälen, klein schneiden und mit der Hälfte des Obers, der ausgekratzten Vanilleschote sowie dem Zucker langsam weich kochen. Im Küchenmixer gut mixen.

Die eingeweichte Gelatine beigeben und darin auflösen. Die Masse passieren und mit der übrigen Milch und dem Obers vermengen. Die Masse kurz überkühlen lassen und vorsichtig auf das ausgekühlte Himbeermark füllen, damit sich das Mark mit der Spargelmilch nicht vermischt.

Nun das Spargel-Panna Cotta vor dem Servieren **ca. 1–1,5 Stunden kalt stellen.**

TiPP

Dieses Dessert lässt sich auch mit grünem und weißem Spargel herstellen und zweifärbig abfüllen!

Grießpudding mit Zwetschkenröster

Für 10 Formen

3/8 l Milch
40 g Butter
Salz
80 g Weizengrieß
5 Dotter (Eigelb)
5 Eiweiß
50 g Kristallzucker
Zitronen- und Orangenabrieb
1 Vanilleschote

Zwetschkenröster:
2 kg frische Zwetschken (halbiert und entsteint)
200 g Zucker
1 l Rotwein
100 ml roter Portwein
1 Zimtstange
2 Stk. Sternanis
10 Stk. Nelken
etwas Rum (zum Abschmecken)

Stärkemehl (zum Binden)

Milch, Butter, ausgekratzte Vanilleschote und eine Prise Salz aufkochen. Grieß in die Milch einrühren und den Abrieb von Zitronen- und Orangenschale beigeben. Die Masse etwas überkühlen lassen und die Dotter nach und nach einrühren.

Inzwischen Eiweiß mit dem Zucker ausschlagen und unter die ausgekühlte Grießmasse heben. Eine feuerfeste Form 1 cm hoch mit Wasser füllen. Die Masse in ausgebutterte und mit Kristallzucker ausgekleidete Dariolformen 3/4 hoch einfüllen und im Backofen (im Wasserbad) bei 150 °C bei Heißluft backen. **Backzeit: ca. 22–25 Minuten.**

Für den Zwetschkenröster Zucker in einem Topf leicht karamellisieren und mit Rotwein und Portwein ablöschen. Zimtstange, Sternanis und Nelken beigeben und einreduzieren lassen. Nun die Gewürze herausnehmen und die Zwetschken hinzufügen. Aufkochen lassen und mit etwas Stärkemehl leicht binden. Überkühlen und mit Rum abschmecken.

Grießpudding auf einen Teller stürzen, mit Staubzucker bestreuen und mit Zwetschkenröster servieren.

Milchreistörtchen mit Erdbeeren

Für 10 Portionen

500 g Milch
500 g Obers
140 g Rundkornreis
1 Zitrone
1 Orange
1 Vanilleschote
1 Zimtstange
4 Blatt Gelatine
etwas Rum

500 g Erdbeeren
2–3 EL Staubzucker
8–10 Blättchen Minze

Reis mit Wasser einmal aufkochen und abseihen. Milch, Obers, ausgekratzte Vanilleschote und Zimtstange dazugeben und weich kochen. Inzwischen die Gelatine in kaltem Wasser einweichen. Nun Saft und Abrieb von Zitrone und Orange beigeben sowie die ausgedrückte Gelatine. Gut durchrühren und in geölte Metallringe oder Dariolformen abfüllen; auskühlen lassen.

In der Zwischenzeit die Erdbeeren waschen und von den Stängeln befreien. 2/3 der Erdbeeren in einem Mixer mit dem Zucker pürieren. Die restlichen Erdbeeren in kleine Stücke schneiden. Nun alles zusammenmischen und mit Minze abschmecken.

Die Erdbeeren auf einem Teller mittig anrichten und das Milchreistörtchen darauf platzieren.

Ananas-Kokosstrudel

Für 6–8 Personen

80 g Butter
40 g Staubzucker
Vanillezucker
Zitrone
2 Dotter (Eigelb)
2 Eiweiß
40 g Zucker
Prise Salz
100 g Kokosette
20 g Stärkemehl
50 g warme Kokosmilch
1 Stk. fertiger Strudelteig

350 g Ananaswürfel, gedünstet

Butter mit Staubzucker schaumig rühren. Dotter nach und nach langsam einrühren. Das Eiweiß mit dem Kristallzucker steif schlagen und mit dem Kokosette sowie dem Stärkemehl langsam unterheben. Zum Schluss die warme Kokosmilch einrühren.

Nun den Strudelteig auf einem großen Tuch auslegen und den ganzen Teig mit Butter bestreichen. Auf das untere Drittel des Teiges die Fülle aufstreichen und mit den Ananaswürfeln bestreuen. Jetzt mit Hilfe des Tuches den Teig einmal über die Fülle schlagen und fertig einrollen.

Den Strudel mit der glatten Seite nach oben auf ein mit Butter ausgestrichenes Blech legen, eventuell noch einmal nachformen und die Oberseite mit Butter bestreichen.

Bei 200 °C **ca. 25 Minuten backen**.

Ananas-Kokosstrudel in Stücke schneiden, mit Staubzucker bestreuen und evtl. mit Beerenragout oder karamellisierten Ananasstücken servieren.

Kokospalatschinken mit Marillenröster

Für 6 Palatschinken

Palatschinkenteig:
50 g Kokosflocken
1/8 l Milch
80 g Mehl (glatt)
3 EL Öl
1 Ei
1 Dotter (Eigelb)
Salz
1 TL Vanillezucker

Marillenröster:
400 g Marillen (Aprikosen)
120 g Kristallzucker
3 cl Marillenbrand
Saft von 1/2 Zitrone
Zitronenschale
1/2 Stange Zimt

Öl (zum Backen)

Kokosflocken auf einem Backblech gleichmäßig verteilen und im Rohr bei 180 °C ein wenig rösten. Auf diese Weise kommt das Aroma besonders gut zur Geltung!

Kokosflocken und Milch am besten mit einem Stabmixer verrühren. Mehl, Öl, Ei, Dotter, eine Prise Salz und Vanillezucker unter die Kokosmilch rühren. Palatschinkenteig **ca. 15 Minuten rasten lassen**.

Inzwischen die Marillen waschen, halbieren, entkernen und in Spalten schneiden. Zucker, Zitronensaft, Zitronenschale, Zimtstange und Marillenbrand in einer Kasserolle aufkochen. Marillenspalten zugedeckt im Sirup ein wenig kochen lassen.

Palatschinken in einer Pfanne in etwas heißem Öl backen. Auf vorgewärmte Teller legen, Marillenröster auftragen und Palatschinken dreieckig einfalten. Palatschinken mit Staubzucker bestreuen und eventuell mit geschlagenem Obers oder 1 Kugel Kokoseis servieren.

Mit Honig karamellisierte Apfelküchlein

Für 2 Personen

100 g Äpfel
70 g Zucker
25 g Honig
15 g Marzipan
40 g Weißwein
60 g fertiger Mürbteig

etwas Kirschwasser
Vanillesauce

Backrohr auf 200 °C vorheizen.

Die Äpfel schälen, Kerngehäuse entfernen, in dünne Scheiben schneiden und leicht in Weißwein andünsten. Aus Zucker und Honig einen Karamell kochen, mit Weißwein ablöschen und den Boden kleiner beschichteter Tarteformen (oder Mokkatassen) damit ausgießen.

Die gedünsteten Apfelscheiben ca. 7–10 mm hoch auf den Karamell schichten. Marzipan mit wenig Kirschwasser zu einer geschmeidigen Masse arbeiten und etwas davon auf die Apfelscheiben geben. Mit einer runden Mürbteigplatte abdecken und bei 200 °C backen. **Backzeit: ca. 12–15 Minuten.**

Apfelküchlein auf einen Teller stürzen und mit Vanillesauce servieren.

Sauerrahmschmarren

Für 3–4 Personen

250 g Sauerrahm (saure Sahne)
50 g Topfen (Quark)
50 g Staubzucker
3 Dotter (Eigelb)
50 g Stärkemehl
1 EL Rum
1 Prise Vanillezucker
180 g Mehl
1 Zitrone
3 Eiweiß
60 g Kristallzucker
20 g Butter (zum Backen)

Sauerrahm, Topfen, Staubzucker, Dotter, Stärkemehl, Rum, Vanillezucker und Zitronenabrieb gut verrühren. Zitrone waschen. Vanillezucker und etwas dünn abgeriebene Zitronenschale beigeben.

Eiweiß und Zucker zu steifem Schnee schlagen und mit dem Mehl unter die Sauerrahmmasse ziehen. In einer Pfanne Butter zergehen lassen und die Masse eingießen. Kurz stocken lassen und im vorgeheizten Backrohr bei 180 °C backen. **Backzeit: 10–12 Minuten.**

Den Schmarren in Stücke schneiden (oder reißen) und mit Zucker karamellisieren. Auf vorgewärmten Tellern anrichten, mit Staubzucker bestreuen und servieren.

TIPP

Dazu passt gut ein Mango-Ragout!

Rahmdalken

Für 4 Personen

200 g Sauerrahm (saure Sahne)
80 g (4 Stk.) Dotter (Eigelb)
140 g Mehl
120 g Eiweiß (4 Stk.)
40 g Zucker

Beerenragout oder Powidl (zum Füllen)

Sauerrahm mit Dotter und Mehl glatt rühren. Eiweiß mit Zucker steif schlagen und unter die Sauerrahmmasse heben. Danach die Masse mithilfe eines Suppenlöffels portionsweise in einer beschichteten Pfanne beidseitig ca. 1 Minute zu kleinen Dalken braten und auf Küchenpapier abtropfen lassen.
Die Dalken versetzt oder 2–3 Stück übereinander (siehe Foto) mit Powidl oder Beerenragout gefüllt servieren.

TIPP

Dazu passt gut eine Vanillesauce.

Kaiserschmarren mit Zwetschkenröster

Für 4 Personen

250 g Milch
4 Dotter (Eigelb)
80 g Mehl
1 Pkg. Vanillezucker
Abrieb von 1 Zitrone
1 EL Rum
4 Eiweiß
120 g Zucker
50 g Rosinen
Butter (zum Backen)
Zwetschkenröster (zum Servieren)

Eiweiß zu Schnee schlagen. Nach und nach den Zucker einrieseln lassen. Milch mit den Dottern, Gewürzen und Mehl glatt rühren und vorsichtig unter den cremigen Schnee heben. Butter in einer Pfanne schmelzen lassen, den Teig dazugeben und mit in Rum eingelegten Rosinen bestreuen und anbacken. Den Teig mit einer Palette vierteln; sobald die Unterseite goldbraun ist, wenden. Den Schmarren im Rohr bei 200 °C fertig backen, in nicht zu kleine Stücke zerreißen und mit ein wenig Butter und Zucker karamellisieren. Mit lauwarmem Zwetschkenröster (siehe Seite 107) servieren.

Salzburger Nockerl

Für 3–4 Personen

7 Stk. Eiweiß
3 Dotter (Eigelb)
90 g Zucker
10 g Mehl
10 g Stärkemehl
Prise Salz
Abrieb von 1 Zitrone
Vanille
2 EL Preiselbeeren
Butter (zum Ausstreichen)

Eiweiß mit einer Prise Salz und Zucker steif schlagen (eher fest). Mehl und Stärkemehl mit den Aromaten mischen und mit den Dottern marmoriert unterziehen. Eine feuerfeste Porzellanform (ca. 30 cm x 12 cm) mit Butter ausstreichen und die Preiselbeeren darin verteilen.

Mit der Eiweißmasse große Nocken formen und auf den Preiselbeeren platzieren. Hierbei ist darauf zu achten, dass die mittlere die höchste Nocke ist. Im vorgeheizten Backofen bei 210 °C backen.
Backzeit: ca. 12 Minuten.

Orangenmus

Für 6 Personen

1 Ei
1 Dotter (Eigelb)
150 g weiße Schokolade
2 Blatt Gelatine
1/8 l Orangensaft
Cointreau (zum Abschmecken)
1/4 l Schlagobers (Sahne)
Abrieb von 1 Orange

Ei, Orangenabrieb und Dotter über Dampf warm schlagen und sofort über Eis wieder kalt schlagen. Orangensaft auf die Hälfte einreduzieren. Die Gelatine in lauwarmem Orangensaft auflösen und im ausgekühlten Zustand mit der zerlassenen Schokolade unter die Eiermasse ziehen.
Danach das geschlagene Obers darunterheben und mit Cointreau abschmecken.

TiPP

Dazu passen Hohlhippen oder ein Biskuit.

Gebackene Mäuse mit Rhabarberkompott

Für 4 Personen

Rhabarberkompott:
2 Stangen Rhabarber
100 g Zucker
1 Vanilleschote
Zitronenschale
250 g Weißwein
250 g Mineralwasser
etwas Stärkemehl (zum Binden)

Gebackene Mäuse:
90 g Milch
15 g Zucker
8 g Germ
150 g Mehl
1 Dotter (Eigelb)
1/2 EL Rum
Zitronenschale
30 g Butter

500 g Butterschmalz (zum Backen)
2 EL Zimtzucker

Für das Rhabarberkompott den Rhabarber schälen und in gleichmäßige Rauten schneiden. Die entstandenen Abschnitte und Schalen mit Zucker, Vanilleschote, Zitronenschale, Wasser und Weißwein etwa 10 Minuten köcheln lassen.

Diesen Fond passieren und mit etwas angerührtem Stärkemehl binden. Die Rauten in den noch heißen Fond geben und langsam gar ziehen lassen.

Für die gebackenen Mäuse Germ in der gezuckerten Milch auflösen, mit den restlichen Zutaten vermischen, gut durchkneten und an einem warmen Ort ein Mal gehen lassen. Mit einem gefetteten Löffel Nockerl abstechen und in reichlich heißem Butterschmalz schwimmend backen.

Rhabarberkompott in einem tiefen Teller anrichten und die gebackenen Mäuse daraufsetzen. Mit Zimt-Puderzucker bestreuen.

Orangenblätter mit Topfen

Für 4 Personen

Orangenblätter:
60 g Butter
120 g Staubzucker
60 g Mandeln (gerieben)
30 g Mehl (glatt)
1 Orange (Saft und geriebene Schale)

Topfencreme:
250 g Topfen (Quark)
60 g Staubzucker
Saft von 1/2 Zitrone
100 g Obers (Sahne)

Zur Dekoration:
Filet von einer Orange
Zimt (zum Bestreuen)

Butter in einer Pfanne zergehen lassen, mit den geriebenen Mandeln, dem Staubzucker, Mehl, Orangensaft und der geriebenen Orangenschale verrühren und danach **ca. 15–20 Minuten in die Gefriertruhe geben** und die Masse fest werden lassen.

Aus Karton eine dünne Schablone mit einem Durchmesser von ca. 8 cm zuschneiden. Die Masse – Blatt für Blatt – dünn mit einer Palette auf den Karton aufstreichen und auf ein Backblech platzieren. Im vorgeheizten Ofen bei 160–200 °C goldgelb backen. **Backzeit: ca. 7–8 Minuten.**

Für die Topfencreme Staubzucker und Zitronensaft vermischen. Obers schlagen und unterheben. Die Masse in einen Spritzsack geben und die Orangenblätter schichtweise damit füllen. Mit Orangenfilets anrichten, mit Zimt bestreuen und sofort servieren.

Mandelschnitten

Für 1 Blech 60 cm x 40 cm

Mürbteig:
510 g Mehl
340 g Butter
170 g Staubzucker
Salz, Vanillezucker

Belag:
140 g Butter
520 g Zucker
100 g Honig, Vanillezucker
670 g Obers (Sahne), flüssig
520 g Mandeln, gehobelt

Aus Butter, Mehl, Zucker, Salz und Vanillezucker einen Mürbteig bereiten und hell vorbacken.

Butter zerlassen und den Zucker mit dem Honig darin karamellisieren. Danach mit flüssigem Obers aufgießen und so lange rühren, bis sich der Zucker aufgelöst hat. Nun die Mandeln einrühren und gut erhitzen. Die Masse auf den vorgebackenen Teig streichen und im Backrohr bei 200 °C backen. **Backzeit: ca. 10 Minuten.** Auskühlen lassen und in Schnitten schneiden.

Grießmousse mit gedünsteten Heidelbeeren

Für 4 Personen

250 g Milch
60 g Zucker
30 g Butter
30 g Weizengrieß
3 Blatt Gelatine
2 cl Cointreau
50 g Joghurt
150 g Obers (Sahne)
250 g Heidelbeeren
4 cl Gin
50 g Gelierzucker 1:3

Für das Grießmousse die Milch mit Zucker, Butter und Grieß zu einem Grießbrei kochen. Die kalt eingeweichte Gelatine ausdrücken und mit dem Cointreau in die noch warme Grießmasse einrühren und auflösen. Danach das Joghurt und das geschlagene Obers unter die abgekühlte Grießmasse ziehen.

Nun die Heidelbeeren mit Gin und Gelierzucker kurz dünsten. Die warmen Heidelbeeren auf einem Teller verteilen, aus dem Grießmousse Nocken stechen und gefällig darauf anrichten.

Gratinierte Waldbeeren

Für 2 Personen

200 g gemischte Waldbeeren (Himbeeren, Brombeeren, Heidelbeeren und Walderdbeeren)
1 Schuss Grand Manier
etwas Zitronensaft, 1 TL Staubzucker

Gratiniermasse:
1 Dotter (Eigelb)
2 EL Topfen (Quark)
2 EL Staubzucker
1 Pkg. Vanillezucker
1 Schuss Grand Manier
1/8 l Obers (Sahne)
Puderzucker, Zitroneneis

Backrohr auf 250 °C Oberhitze vorheizen. Beeren putzen. Mir einem Schuss Grand Manier, Zitronensaft und Zucker marinieren. Obers steif schlagen. Topfen glatt rühren, mit den übrigen Zutaten verrühren und das Schlagobers unterheben.

Die marinierten Beeren in ein feuerfestes Geschirr geben. Mit der Gratiniermasse bedecken und im Rohr überbacken. Mit Puderzucker bestreuen und mit Zitroneneis servieren.

Topfenmus mit Erdbeersauce

Für 6–7 Personen

400 g Topfen (Quark)
150 g Staubzucker
3 Eier
1 Zitrone
2 Blatt Gelatine
350 g Obers (Sahne)
Salz
200 g Erdbeeren
50 g Zucker
Stärkemehl (zum Binden)

Eier trennen. Topfen mit den Dottern, Zitronenschalenabrieb und Staubzucker cremig rühren. Gelatine in Wasser einweichen, ausdrücken und mit ein paar Tropfen Wasser über Dampf schmelzen. Obers steif schlagen, flüssige Gelatine einrühren. Topfenmasse mit Obers vermischen und in eine Schüssel füllen.
Ca. 4 Stunden im Kühlschrank fest werden lassen.

Erdbeeren mit Zucker aufkochen, mit angerührtem Stärkemehl leicht binden und kalt stellen. Danach Topfenmus mit Erdbeeren gefällig auf Tellern anrichten und servieren.

Blitz-Menüs für jeden Anlass

Menü „Luxus"

Vorspeise
Tatar vom Thunfisch mit Limetten-Sauerrahmsauce
(Seite 18)

Hauptgang
Gekräuterte Rinderroulade mit Gemüsepappardelle
(Seite 74)

Dessert
Rahmdalken
(Seite 114)

Menü „Für jeden Tag"

Vorspeise
Apfel-Kürbisschaumsuppe
(Seite 28)

Hauptgang
Hühnerbrust mit Pesto, Parmesan und Prosciutto
(Seite 87)

Dessert
Orangenblätter mit Topfen
(Seite 118)

Menü „Vegetarisch"

Vorspeise
Karotten-Kokossuppe mit Limonen
(Seite 29)

Hauptgang
Käsesemmellaibchen mit eingemachtem Gemüse
(Seite 100)

Dessert
Gratinierte Waldbeeren
(Seite 121)

Der Fantasie sind keine Grenzen gesetzt: weder beim Kochen, noch bei der Kreation von Menüs. Zur Inspiration fünf köstliche Menü-Vorschläge, die auf Grund ihrer schnellen Zubereitung sowohl für Gäste als auch für Gastgeber ein reines Vergnügen darstellen.

Blitz-Menüs für jeden Anlass

Menü „Steiermark"

Vorspeise
Kartoffel-Schinkenlaibchen im Schwarzbrotmantel
(Seite 21)

Hauptgang
Oststeirische Pasta mit Kernöl und Kürbiskernen
(Seite 59)

Dessert
Mit Honig karamellisierte Apfelküchlein
(Seite 112)

Menü „Fisch"

Vorspeise
Wraps mit Räucherlachs, Gurken und Kopfsalat
(Seite 48)

Hauptgang
Saltimbocca vom Zander auf Gemüsenudeln mit Pesto
(Seite 90)

Dessert
Kokospalatschinken mit Marillenröster
(Seite 110)

Rezeptregister

Glossar

Brunoise	fein würfelig geschnittenes Gemüse
Dariolformen	kleine konische Formen z. B. für portionierte Terrinen. Anstelle von Dariolformen können auch Kaffee- oder Mokkatassen verwendet werden.
Duxelles	würzige Farce aus sehr fein gehackten oder gemahlenen Pilzen und Schalotten
Julienne	in feine Streifen geschnittenes Gemüse
Jus	Konzentrierter Bratensaft, der beim Abkühlen zu Gelee wird. Jus kann man fertig kaufen oder selbst herstellen, indem man den Fond sirupartig einkochen lässt.
Mie de Pain	entrindete Weißbrotbrösel
Mirepoix	in Würfel geschnittenes Röstgemüse für Suppen und Saucen
Montieren	Fertige Saucen werden mit kalten Butterflocken leicht gebunden und verfeinert. Wichtig: Die Sauce darf bei diesem Vorgang nicht mehr kochen.
Reduzieren	starkes Einkochen von Flüssigkeiten, bis durch Verdampfen die erwünschte Konsistenz erreicht ist (z. B. bei Saucen und Fonds)
Salamander	Gratinierofen mit sehr starker Oberhitze zum kurzen Überbacken. Ein ähnliches Ergebnis kann mit der Grillfunktion im Backrohr erzielt werden.
Simmern	leichtes köcheln
Vulcano-Schinken	steirische Rohschinken-Spezialität (siehe Seite 14)

Johann Pabst
Christine Dobretsberger

Die neue Kürbisküche

140 Seiten
ISBN 978-3-7088-0418-7
EUR 14,90

Kürbis ist längst wieder in aller Munde und lässt sich zu gesunden und abwechslungsreichen Gaumenfreuden verarbeiten. Johann Pabst präsentiert über 100 neue schmackhafte Rezepte mit dem kulinarischen Allround-Genie – von Fruchtfleisch, über Kernöl bis hin zu den knackigen Kürbiskernen.

www.kneippverlag.com

Johann Pabst, Gerald Jeitler
Ingrid Kiefer, Theres Rathmanner, Michael Kunze

Die gesunde Küche

480 Seiten
ISBN 3-7088-0015-X
EUR 19,95

Nichts ist so wichtig für die Gesundheit wie unser tägliches Essen. Diesem Credo haben sich die Spitzenküche Johann Pabst und Gerald Jeitler verschrieben und präsentieren in diesem Standardwerk über 300 gesunde Kochideen. Alle Rezepte wurden von den führenden Ernährungsexperten Univ.-Doz. Dr. Ingrid Kiefer, Mag. Theres Rathmanner und Univ.-Prof. Dr. Michael Kunze ausgewählt und der modernen Ernährungswissenschaft angepasst.

www.kneippverlag.com

Manfred Buchinger

Natürlich Buchinger

ein schräges Biokochbuch

252 Seiten, farbig, Hardcover
ISBN 978-3-7088-0396-8
EUR 24,90

Der Spitzen- und Haubenkoch, der viele Jahre im Hotel Intercontinental in Wien die Gäste mit seinen kulinarischen Kreationen erfreute, kocht heute im Weinviertel. Die Produkte kommen aus der Region und die Rezepte sind bodenständig.

„Manfred Buchinger legt Wert auf Regionalbezug und verzichtet weitgehend auf Firlefanz." *gaultmillau*

„... Buchinger, der Andy Warhol der österreichischen Gastronomie; einst ein grandioser Selbstdarsteller, voller schräger Ideen von Lachs in Amaranth-Popcorn-Kruste bis Erdäpfel-Sushi ist er heute sehr erfolgreich beim Freilandschwein und grünem Veltliner angelangt." *essen & trinken*

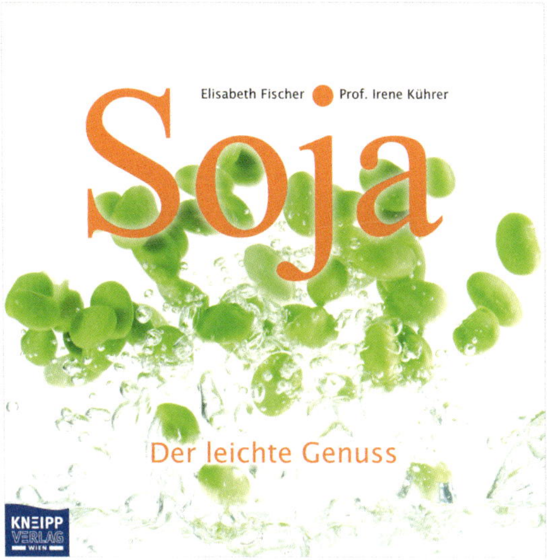

Elisabeth Fischer
Prof. Irene Kührer

Soja – Der leichte Genuss

192 Seiten
ISBN 978-3-7088-0041-5
EUR 19,90

Das große Kochbuch über die kleine Bohne! Schlemmen und schlank bleiben. Wunderbar speisen und damit die Schönheit von innen heraus pflegen. Die kleine Bohne hat wahrlich eine große Wirkung. Das Buch beschreibt die Vielzahl der Sojaprodukte und wie sich diese zu leckeren Rezepten verarbeiten lassen.

www.kneippverlag.com